SUA ESSÊNCIA
A DANÇA DO VAZIO

ADYASHANTI

SUA ESSÊNCIA
A DANÇA DO VAZIO

Tradução
Ivana Portella

MEROPE
editora

Copyright © Adyashanti, 2004, 2006
Copyright © Editora Merope, 2022
Tradução publicada sob licença exclusiva da Sounds True, Inc.
(Edição em língua portuguesa para o Brasil.)

CAPA	Desenho Editorial
PROJETO GRÁFICO E DIAGRAMAÇÃO	Desenho Editorial
COPIDESQUE	Renato Ritto
REVISÃO	Jessica Romanin Mattus
COORDENAÇÃO EDITORIAL	Opus Editorial
DIREÇÃO EDITORIAL	Editora Merope

Todos os direitos reservados.
Proibida a reprodução, no todo ou em parte,
através de quaisquer meios.

DADOS INTERNACIONAIS DE CATALOGAÇÃO NA PUBLICAÇÃO (CIP)
(CÂMARA BRASILEIRA DO LIVRO, SP, BRASIL)

Adyashanti
    Sua essência : a dança do vazio / Adyashanti ; tradução Ivana Portella. - Belo Horizonte, MG : Editora Merope, 2022.

    Título original: Emptiness dancing.

    Bibliografia.
    ISBN: 978-65-990267-5-1

    1. Dharma (Budismo) 2. Meditações zen 3. Vida espiritual - Budismo 4. Zen Budismo I. Portella, Ivana. II. Título.

22-114943   CDD-294.3444

Índices para catálogo sistemático:
1. Budismo Zen : Meditação 294.3444
Eliete Marques da Silva - Bibliotecária - CRB-8/9380

MEROPE EDITORA.
Rua dos Guajajaras, 880 sala 808
30180-106 – Belo Horizonte – MG – Brasil
Fone/Fax: [55 31] 3222-8165
www.editoramerope.com.br

Em amorosa dedicação a meus pais, Larry e Carol Gray. Gratidão por me ensinarem a rir.

	Agradecimentos	09
	Introdução	11
	Prefácio	19
CAPÍTULO 1	Despertar	21
CAPÍTULO 2	*Satsang*	31
CAPÍTULO 3	Abertura	37
CAPÍTULO 4	Inocência	45
CAPÍTULO 5	Harmonização	53
CAPÍTULO 6	Liberdade	61
CAPÍTULO 7	O núcleo radiante	67
CAPÍTULO 8	Silêncio	75
CAPÍTULO 9	Consciência	85
CAPÍTULO 10	Profundidade	101
CAPÍTULO 11	Ego	109
CAPÍTULO 12	Amor	119
CAPÍTULO 13	Dependência espiritual	127
CAPÍTULO 14	Ilusão	139
CAPÍTULO 15	Controle	149

CAPÍTULO 16	Soltando	161
CAPÍTULO 17	Compaixão	167
CAPÍTULO 18	O Fogo da Verdade	177
CAPÍTULO 19	Iluminação	185
CAPÍTULO 20	Implicações	197
CAPÍTULO 21	Relacionamento dármico	205
CAPÍTULO 22	O eterno agora	215
CAPÍTULO 23	Fidelidade	223
	Uma entrevista com Adyashanti	229

Agradecimentos

Agradecimentos sinceros às seguintes pessoas que contribuíram para a criação deste livro:

Edição: Bonnie Greenwell, Marjorie Bair, Prema Maja Rode.
Revisão: Barbara Benjamin, Dwight Lucky, Tara Lucky, Priya Irene Baker, Alison Gause, Gail Galanis, Ed West, Barbara Glinn, Gary Myers.
Assistência editorial: Dorothy Hunt, Stephan Bodian, Eric Schneider, Gary Wolf, Jenny Stitz, Shannon Dickson, Jerilyn Munyon. Audio Recording: Larry Gray, Peter Kadley, Marna Caballero, Dorothy Hunt, Valerie Sher, Peter Humber, Michael Coulter, Annie Gray.
Administração voluntária: Pralaya.
Assessoria jurídica: Gary Wolf.
Contribuições gráficas e de design à edição original: Susan Kurtz, Diane Kaye, Rita Bottari, Wil Nolan, Prema Maja Rode.

E um agradecimento especial a todos os voluntários e participantes dos eventos em que as conversações presentes neste livro foram gravadas.

Introdução

O amor se move sem uma pauta.
Move-se simplesmente porque esta é a sua natureza – mover-se.

Essas palavras do professor espiritual Adyashanti expressam a essência de seus encontros com o público ao falar sobre a natureza do despertar espiritual em sessões semanais, intensivos de finais de semana e retiros de silêncio. Este livro é uma coletânea de algumas dessas conversas memoráveis, selecionadas por representar temas consistentes e significativos, importantes para seus alunos.

"O âmago do que faço, e a essência do que os traz aqui, é ter uma experiência direta de autodescobrimento", diz Adyashanti. "Como podem conhecer a iluminação se nem mesmo sabem quem são?" Nessa transmissão única de Verdade e liberdade, Adya fornece o direcionamento para conduzir os estudantes a essa descoberta, à percepção ou entendimento de sua verdadeira natureza.

Sobre Adyashanti

Adyashanti nasceu em 1962 em Cupertino, Califórnia, uma pequena cidade na área da baía de São Francisco, e recebeu o nome de Stephen Gray. A partir das histórias que ele mesmo compartilha, fica claro que desfrutou de sua infância e de sua família grande e original, que incluía duas irmãs, quatro avós e uma variedade de outros parentes. Um avô gostava de fazer danças de bênçãos dos indígenas norte-americanos para ele e seus primos quando estes vinham visitá-los. Adya adorava corridas de bicicletas na adolescência e no início da juventude, mas aos 19 anos deparou com a palavra "iluminação" em um livro e foi tomado por uma fome ardente de conhecer a Verdade Absoluta. Iniciou um treinamento sob a guiança de dois professores, Arvis Justi, uma discípula de Taizan Maezumi Roshi, e Jakusho Kwong Roshi, um discípulo de Suzuki Roshi.

Adyashanti praticou meditação zen intensamente por quase quinze anos e conta que quase foi levado ao desespero antes de finalmente despertar em uma série de profundas percepções sobre sua verdadeira natureza e vivenciar a dissolução do apego a qualquer identidade pessoal. Em 1996, sua professora, Arvis Justi, convidou-o a ensinar o *dharma*. O que começou como encontros de grupos bem pequenos evoluiu, em poucos anos, para conversas semanais sobre *dharma* com centenas de estudantes. No budismo, a palavra *dharma* é usada para exprimir Verdade Absoluta – a natureza subjacente a todos os fenômenos físicos e mentais e o verdadeiro destino espiritual de todos os seres. As palestras sobre *dharma* são ensinamentos oferecidos por quem vive nessa verdade e tem um claro entendimento dela reconhecido por uma linhagem de professores que remonta a Buda.

Um homem magro e gracioso, de cabeça raspada, Adya (como é chamado por seus alunos) tem uma presença calorosa e um enorme talento para se conectar e falar com clareza. Os estudantes descobrem que o olhar firme de seus imensos e quase transparentes olhos azuis frequentemente desarma a mente e parece penetrar o coração. O estilo de ensinar de Adya é afetuoso e direto, livre do jargão zen, mas rico de direcionamentos para a verdade universal. Ao longo dos anos, desde suas primeiras lições, vários de seus alunos vivenciaram despertares por meio das revelações de seus ensinamentos e da capacidade de comunicação que permeia seus *satsangs* e retiros.

Um professor extraordinário

Seu estilo de ensinar o *dharma* (também conhecido como *satsang*) tem sido comparado ao de alguns antigos mestres chan (zen) da China, assim como ao de professores da Advaita Vedanta (não dualismo) na Índia. Adya tem uma grande afinidade com o sábio advaitista Nisargadatta Maharaj e com outros professores despertos das tradições oriental e ocidental. Apesar de seus retiros serem um misto de meditação silenciosa, palestras sobre *dharma* e diálogos com os alunos, sua abordagem para o despertar não se baseia no desenvolvimento de práticas espirituais, mas no desarme e na desconstrução da identidade pessoal.

Assim como vários de seus alunos, vivenciei um poderoso despertar na presença de Adyashanti, o que me convenceu de que ele era meu professor, embora eu tivesse desistido do conceito e da busca de um professor anos antes de nos encontrarmos. Descobri, então, como um professor, um guia, é capaz de apontar uma porta de saída para a mente desordenada e abrir o coração diretamente ao amor e ao radiante vazio que sustenta a existência.

Essa é uma experiência extraordinária, profunda e inenarrável; aniquila todo interesse adicional na busca espiritual e deixa aqueles que a conhecem conectados a um lugar interior que é surpreendentemente simples, silencioso e aberto. Estudei os ensinamentos espirituais orientais em várias tradições e fui professora e terapeuta para aqueles que estavam no processo espiritual. No entanto, jamais havia visto claramente o poder dessa extraordinária relação professor-aluno até descobrir *esse* professor; o professor que ressoou em mim. Sinto uma gratidão tremenda por esse afortunado encontro.

Adya expressa tanto as infinitas possibilidades quanto a simplicidade comum de uma vida espiritualmente realizada. Eu o sinto como alguém que vive na plenitude do vazio e da liberdade e expressa a relação dinâmica entre fonte e espontaneidade, coração e humor, apreciação pela forma e pelos aspectos sem forma da existência.

Os ensinamentos neste livro

Esta coletânea dos ensinamentos de Adya foi selecionada a partir de centenas de palestras sobre *dharma* proferidas por ele entre 1996 e 2002 durante *satsangs*, intensivos de finais de semana e retiros. Foi disponibilizada para que os direcionamentos, o amor e as lições que ele oferece sejam lembretes contínuos para seus alunos e também alcancem pessoas que não podem estar com ele pessoalmente.

Essas palestras foram escolhidas porque abrangem as questões e temas iniciais que surgem quando as pessoas exploram a natureza do despertar, da liberação e da corporificação com um professor iluminado. Também descrevem algumas das experiências diretas do despertar de Adyashanti e revelam o mundo de experiências que se abre para quem vive a autorrealização: qualidades como pureza, abertura, amor, impermanência, harmonia, paz, profundidade e liberdade. Suas palavras – um reflexo encantador da verdade que surge do profundo silêncio interior – ressoam em nosso coração porque expressam o que realmente somos. São a verdade falando para a verdade; fonte revelando seu mistério à fonte.

Essa ressonância tem o poder de abalar nossos padrões habituais de pensamento e de reatividade emocional e ajuda a desmantelar o transe egoico, dando-nos vislumbres da realidade subjacente à nossa vida. Tais percepções podem literalmente virar nosso mundo de cabeça para baixo, sacudindo-nos e libertando-nos das ilusões da mente. Tal abertura revela uma forma inteiramente nova de estar vivo, vibrante e livre. Essa vivacidade se manifesta claramente na expressão e na vida desse professor e na de vários de seus alunos.

Nenhum de nós sabe como influenciar os acontecimentos, embora tentemos arduamente. Em nossa vida mundana, isso causa dor e surpresa. Mas, na vida espiritual, isso torna-se nossa graça. Quando somos capazes de descansar no não saber, que é a verdade profunda de nosso Ser a cada momento, permitimos que aquilo que é espontâneo emerja e nos desperte. Repetidamente, Adya diz a seus alunos para não se agarrarem a nenhum conceito, não acreditarem em nada do que ele lhes diz e não se apegarem a nenhuma experiência.

Ensinamentos espirituais podem acalmar a mente e promover compreensão intelectual, mas, quando o despertar se manifesta por meio das palavras e do ser de um verdadeiro professor, esse despertar por si só pode estimular o fogo no coração e focar a consciência na autorrealização. No final, cada um de nós deve se voltar para dentro e encontrar a própria conexão direta com a Verdade. Um professor pode oferecer direcionamentos e ferramentas para a jornada e, por meio de sua presença, estimular o fluxo interno. Mas, no fim das contas, tudo nos leva a ficar conceitualmente de mãos vazias e sem direção. Você é o caminho, e o caminho avança totalmente empenhado em se autorrevelar. Ele vai despertá-lo para sua própria natureza. Sentado em silêncio, ninguém precisa fazer nada, a não ser permitir que o despertar natural venha à tona. O professor verdadeiro é aquele que conhece isso profundamente. Viver essa verdade conduz ao fim do sofrimento.

A DOAÇÃO DE UMA COMUNIDADE

O Buda (tudo que há), o *Dharma* (verdades ou ensinamentos de vida) e a *Sangha* (comunidade espiritual) são denominados os Três Refúgios na tradição budista, e acredita-se que sustentam o processo transformacional da realização espiritual. Um professor pode proporcionar a presença viva da verdade e oferecer os ensinamentos, mas não é capaz de suprir as demandas da comunidade nem de fazer todo o trabalho necessário para sustentar dezenas de encontros e retiros para estudantes durante o ano.

Uma *sangha* vem se desenvolvendo em torno de Adyashanti à medida que seu trabalho cresce e várias outras pessoas descobrem sua própria capacidade de liberdade. Ele descreveu sua relação com essa *sangha* como viajar no vagão de um trem, imaginando qual o próximo destino, já que não estabeleceu objetivos ou intenções estruturadas. O estado desperto ou o espírito simplesmente respondem através de Adya àquilo que emerge na comunidade.

Inúmeras pessoas dedicadas passaram centenas de horas gravando e transcrevendo os áudios selecionados para este livro, produzindo e postando milhares de *newsletters* e escritos, organizando eventos, respondendo e-mails e ligações telefônicas, e desempenhando a miríade de tarefas que sustentam a *Open Gate Sangha* como uma organização sem fins lucrativos. Este livro repousa nos ombros daqueles que realizaram esse trabalho dedicado e sem os quais ele não poderia existir.

Sou especialmente grata a todas as pessoas que gravaram e transcreveram esses encontros e àquelas que revisaram e sugeriram edições: Marjorie Bair, que dedicou várias horas de sua extensa *expertise* profissional na área editorial; Dorothy Hunt e Stephan Bodian, que ofereceram orientação para a edição inicial; e Prema, designer deste volume em sua forma original, integrante por quatro anos do *staff* que fundou a *Open Gate Sangha* e que agora trabalha como diretora de criação, gerenciando a publicação dos inúmeros conjuntos de áudios, livros e outras mídias de Adyashanti.

Quero agradecer a todas essas pessoas incríveis que trabalham na *Open Gate Sangha*, às centenas de voluntários que as auxiliam e, especialmente, à esposa de Adya, Annie. Essas pessoas construíram e estruturaram uma base sólida e responsiva para essa comunidade, permitindo, assim, a expansão do despertar e da verdade pelo mundo. Sou grata, por várias razões, por terem tocado a minha vida, mas sinto-me especialmente contente porque fui capaz de fazer este trabalho de compilação e edição como um serviço à verdade, e de fazê-lo em uma comunidade na qual sabia que ele seria valorizado, cuidado e sustentando. É nosso presente, como comunidade, à comunidade em si e à comunidade maior de mentes e corações despertos em toda parte. É nosso vazio dançando na vasta abertura da fonte para despertar em nós todos os seus aspectos.

Bonnie Greenwell
Editora

Prefácio

Dou-lhe as boas-vindas. Sim, a você que agora está lendo estas palavras. Este livro é para você e sobre você. Alguém já se dirigiu a você como você realmente é? Você já se dirigiu a si mesmo como verdadeiramente é? Ou tem sido enganado pela mera aparência de si próprio, de seu nome, gênero, filiação familiar ou personalidade, de seu passado e de suas esperanças secretas de um futuro – talvez de um *você* – melhor? Asseguro-lhe de que essas trivialidades não o descrevem nem o revelam como verdadeiramente é. Nem de perto.

Diga a verdade. Já não suspeitou que existe mais, ou menos, para si do que a imagem que vê refletida no espelho? Já não ansiou secretamente, em seus momentos mais silenciosos, por espiar além do véu das aparências, de seu próprio e do de outros?

Há algo em você que é mais brilhante do que o sol e mais misterioso do que o céu noturno. Você decerto suspeitou de tais coisas secretamente, mas já mergulhou a fundo em sua misteriosa essência?

Dou as boas-vindas à sua misteriosa essência. Este livro é para você e sobre você. Trata do seu despertar e de lembrar quem você é de verdade. Portanto, vá em frente e abra-o aleatoriamente, em qualquer capítulo que capte a sua imaginação. Cada capítulo é independente, porém continua a aprofundar o conteúdo dos capítulos que o antecedem. Confio na sabedoria de sua inclinação para guiá-lo ao capítulo ou à página exatos que possam abrir seus olhos ou seu coração ao milagre pleno de sua natureza íntima e infinita.

Inicio este livro com uma reflexão sobre o despertar espiritual e o concluo abordando a fidelidade à verdade eterna. Se estiver interessado em ler mais, um próximo título será dedicado à vida após o despertar. Mas chega de preâmbulos e dicas sobre coisas futuras que estão por vir. O tempo é agora, e minhas boas-vindas estão sendo totalmente estendidas às suas mãos na forma deste livro. Assim, se for seu desejo, leia-o, mas esteja avisado de que o despertar espiritual não é o que você imagina.

— Adyashanti, San Jose, janeiro de 2006

1

Despertar

O objetivo do meu ensinamento é a iluminação – despertar do estado de sonho da separação para a realidade do Uno. Em suma, meu ensinamento está focado na realização do que você é. Considerando essas lições, é possível descobrir outros elementos que simplesmente surgem como resposta às necessidades específicas do momento de alguém, mas, em essência, só estou interessado em que você desperte.

Iluminação significa despertar para o que você verdadeiramente é, e então ser isso. Realizar e ser, realizar e ser. Somente a realização não basta. A completude da Autorrealização é ser, o que significa agir, fazer e expressar o que você realiza. Essa é uma questão muito profunda, toda uma nova maneira de viver – viver na realidade e conforme a realidade, e não a partir de ideias, crenças e impulsos programados de sua mente sonhadora.

A verdade é que você já é o que está buscando. Você está procurando Deus com seus olhos. A verdade é tão simples e chocante, tão radical e sacralizada, que é fácil perdê-la no tumulto da busca. Você pode ter ouvido o que estou dizendo no passado e ter mesmo acreditado nisso, mas minha pergunta é: Você compreendeu isso com todo o seu Ser? Você a está vivendo?

Minhas palavras têm a intenção de sacudi-lo para o despertar, não de lhe dizer como sonhar melhor. Você sabe como sonhar. Dependendo do seu estado mental e emocional no momento, posso ser bem gentil e suave consigo, ou não tão gentil e suave. Você pode sentir-se melhor depois de falar comigo, mas isso é secundário ao despertar. Desperte! Todos vocês são Budas vivos. Você é o vazio divino, o nada infinito. Sei disso porque sou o que você é, e você, o que sou. Solte todas as ideias e imagens em sua mente, elas vêm e vão e não são nem mesmo geradas por você. Então, por que prestar tanta atenção à sua imaginação quando a realidade é para ser experimentada bem agora?

Bem, não pense que o despertar é o fim. O despertar é o fim da busca, o fim do buscador, mas é o início de uma vida vivida a partir de sua verdadeira natureza. Isso é toda uma outra descoberta – a vida vivida a partir da unidade, corporificando o que você é, sendo uma expressão humana da unidade. Não há dúvida quanto a se tornar o Uno; você *é* o Uno. A questão é: Você é uma expressão *consciente* do Uno? O Uno despertou para si mesmo? Você se recordou de quem realmente é? E, tendo se recordado, está vivendo isso? Você está realmente vivendo conscientemente como o Uno?

Todas as minhas palestras são sobre o despertar ou sobre a vida vivida após o despertar. Mesmo que não *pareça*, estou realmente falando sobre uma dessas duas coisas.

* * *

Anos atrás, antes do meu despertar final, eu era louco pela iluminação. É preciso ser um pouco louco para estudar o zen seriamente. Meu professor costumava dizer, "Somente os loucos resistem". Uma das coisas que eu fazia para a minha loucura funcionar era me levantar cedo, às 5 horas ou 5h30, para fazer coisas extras antes de me sentar com o grupo do meu professor por algumas horas nas manhãs de domingo.

Eu me dirigia a uma sala pequena e lá ficava sentado, meditando e congelando até os ossos. Em uma daquelas manhãs em particular, enquanto meditava, duas coisas aconteceram, uma após a outra, e elas pareciam muito paradoxais. A primeira foi uma visão espontânea de que tudo era uno. Para mim, aquilo se manifestou como o canto de um pássaro, um gorjeio, vindo do jardim da frente, e de algum lugar em mim surgiu a pergunta: "Quem ouve o som?". Nunca fizera aquela pergunta antes. De repente, percebi que eu era tanto o som e o pássaro quanto quem ouvia o pássaro; que o ouvir, o som e o pássaro eram todos manifestações de uma coisa. Não sou capaz de dizer o que é essa coisa, a não ser dizer *uma* coisa.

Abri meus olhos e descobri que a mesma coisa estava acontecendo na sala – a parede e quem a via eram a mesma coisa. Achei muito estranho e compreendi que quem pensava isso era outra manifestação daquilo. Levantei-me e comecei a andar ao redor da casa procurando algo que não fosse parte do Uno. Mas tudo era um reflexo daquele Uno. Tudo era o divino. Vaguei pela sala de estar. Em meio a um passo, a consciência repentinamente afastou-se de tudo, fosse de uma coisa física, uma coisa corpórea ou uma coisa mundana.

No passo de um pé, tudo desapareceu. O que emergiu foi uma imagem do que parecia ser um número infinito de encarnações passadas, como se cabeças estivessem alinhadas uma atrás da outra, até onde a visão alcançava. A consciência compreendeu algo como, "Meu Deus, estive identificada com várias formas por inúmeras vidas". Naquele momento, a consciência – espírito – compreendeu que estivera tão identificada com todas aquelas formas que realmente acreditava ser uma forma até a presente vida.

De repente, a consciência não estava confinada à forma e existia independentemente dela. Não mais definia a si mesma por alguma forma, fosse um corpo, uma mente, uma vida, um único pensamento ou a memória. Eu vi isso, mas quase não pude acreditar. Era como se alguém tivesse enfiado um milhão de dólares em meu bolso e eu o virasse do avesso repetidas vezes, como se não acreditasse naquilo. Mas aquilo tampouco podia ser negado. Embora esteja usando a palavra "eu", não existia nenhum "eu", somente o Uno.

Essas duas experiências ocorreram ao mesmo tempo, com um intervalo mínimo entre ambas. Na primeira, tornei-me a Unidade de tudo; na segunda, tornei-me a consciência ou espírito que despertara totalmente de todas as identificações, até mesmo da Unidade. Quando a Unidade se foi, ainda havia uma percepção consciente básica que tinha dois aspectos distintos: sou tudo e absolutamente nada. Esse foi o despertar, a realização do *Self*.

O acontecimento seguinte foi eu dar um passo, apenas um passo comum. Assemelhou-se a quando um bebê dá seu primeiro passo sem cair: ele sorri e olha ao redor como se dissesse, "você viu isto?", e é possível ver a sua alegria. Então dei um passo, e era como se, "Uau! O primeiro passo!". Depois dei outro passo, e mais um, e continuei me movendo em círculos, pois cada passo era o primeiro. Era um milagre.

A cada "primeiro" passo, a consciência sem forma e a Unidade se fundiam de maneira que o estado de despertar que sempre se autoidentificara como forma estivesse agora, na verdade, dentro da forma, não identificado. Não estava olhando através de nenhum pensamento ou memória do que tinha ocorrido anteriormente, apenas pelos cinco sentidos. Sem histórias ou memórias, cada passo parecia ser o primeiro.

Então o pensamento mais engraçado passou pela minha mente (engraçado para mim, depois de treze anos de prática zen): "Êpa, acabei de despertar do zen!". Ao despertar, você compreende que despertou de tudo, inclusive de todas as coisas que o ajudaram a chegar lá.

A próxima coisa que fiz foi escrever um bilhete casual para minha esposa. Dizia algo como, "Feliz aniversário; hoje é meu aniversário; acabei de nascer". Deixei-lhe o bilhete e, quando passei por nossa casa a caminho do meu grupo de meditação, eu a vi acenando com o bilhete na mão. Não sei como, mas eu sabia exatamente o que ela queria dizer.

Não contei nada sobre a experiência à minha professora por cerca de três meses, pois me parecia sem propósito. Por que alguém precisaria saber? Não senti necessidade de contar a ninguém ou de receber os parabéns. A experiência em si e por si parecia bastar-se totalmente. Foi apenas mais tarde que aprendi que minha experiência correspondia ao que minha professora vinha dizendo todo o tempo. Compreendi que esse despertar tinha tudo a ver com todos os ensinamentos. De uma maneira muito real, aquela experiência, que continua e ainda é a mesma hoje, é a base de tudo que digo.

Quando realmente começamos a olhar para quem pensamos ser, tornamo-nos muito propensos à graça. Começamos a ver que, embora possamos ter vários pensamentos, crenças e identidades – individual e coletivamente –, eles não nos dizem quem somos. Um mistério se apresenta: quando realmente olhamos para nós, de maneira clara e cuidadosa, surpreendemo-nos ao constatar como nós, humanos, nos definimos totalmente pelo conteúdo de nossa mente, sentimentos e história. Várias formas de espiritualidade tentam se livrar de pensamentos, sentimentos e memórias a fim de deixar a mente vazia, como se isso fosse um estado desejável ou espiritual. Mas ter a mente vazia não é necessariamente sábio. Ao contrário, é mais proveitoso olhar *através* dos pensamentos e reconhecer que um pensamento é apenas um pensamento, uma crença, uma memória. Então podemos parar de vincular consciência ou espírito aos nossos pensamentos e estados mentais.

Com aquele primeiro passo, quando compreendi que o que olhava através de meus olhos e sentidos era consciência ou espírito, e não condicionamento ou memória, vi que o mesmo espírito estava, de fato, olhando através de outros pares de olhos. Não importava se o espírito olhasse através de outro condicionamento; era exatamente a mesma coisa. Estava olhando para si mesmo em todos os lugares, não apenas nos olhos, mas também nas árvores, nas rochas e no solo.

É paradoxal. Quanto mais esse espírito ou consciência começa a se experimentar não como um pensamento, uma ideia ou uma crença, mas como uma simples presença de percepção consciente, mais esse despertar é refletido em todos os lugares. Quanto mais despertamos de corpos, mentes e identidades, mais percebemos que corpos e mentes são, na verdade, apenas manifestações desse mesmo espírito, dessa mesma presença. Quanto mais compreendemos que quem somos está totalmente fora do tempo, do mundo e de tudo que acontece, mais entendemos que essa mesma presença *é* o mundo – tudo que está acontecendo e tudo que existe. É como os dois lados de uma moeda.

A maior barreira para o despertar é a crença de que se trata de algo raro. Quando essa barreira cai, ou, pelo menos, quando você passa a questionar a própria crença de que o despertar é algo difícil de atingir, tudo se torna disponível de imediato. Como o despertar é tudo o que existe, não pode ser raro e difícil de ser alcançado, a menos que insistamos que assim seja. A base desse conhecimento não é teórica, é vivencial. Ninguém me ensinou isso, e ninguém pode lhe ensinar.

O mais lindo sobre o despertar é que, quando você deixa de agir conforme o seu condicionamento, o senso de *eu*, que estava vivendo esta vida, não existe mais. A maioria das pessoas está familiarizada com o senso de um *eu* vivendo esta vida. Mas quando se vê além disso, a experiência é a de que o que realmente dirige e opera esta vida é o amor, e esse mesmo amor está em todos nós, continuamente.

Você vivenciou instantes em sua vida – estivesse consciente deles ou não – em que momentaneamente esqueceu o *eu* com o qual se identificava. Isso pode ocorrer de modo espontâneo, diante de uma bela paisagem, ou a partir do esquecimento egoico. Em geral, as pessoas desconsideram tais momentos. Após vivenciar o "lindo instante", você reconstitui seu senso familiar de identidade. Mas, na verdade, essas ocasiões são como pequenas aberturas por meio das quais a verdade é experienciada. Se começar a observá-las com atenção, irá notá-las. De súbito, a mente para de pensar na própria história. Você pode notar que sua identidade separada ou senso de *eu* simplesmente faz uma pausa, e aquilo que você verdadeiramente é não desaparece. Então você se pergunta, "O que é o *eu* verdadeiro? Se minha identidade pode fazer uma pausa e eu não desapareço, então, o que sou?" Ou melhor, "O que sou quando desapareço?".

Na maior parte das vezes, a mente fica ativada em resposta à pergunta, "O que sou eu?". Ela começa a pensar sobre a pergunta até que a verdadeira inteligência a interrompe novamente e diz, "Espere um momento, isso é apenas mais um pensamento". Então, pode haver uma lacuna de silêncio entre os pensamentos, e se você estiver bem presente nessa lacuna, deixa de agir a partir de sua identidade familiar. Assim que a identidade mergulha na lacuna, você não se sente mais presente. Não ser alguém é normalmente tão desconcertante para a mente que ela começa a preencher a lacuna bem depressa. "Como posso não ser alguém?" Mas preenchê-la com um alguém não faz sentido. Se realmente quiser saber quem você é, apenas experiencie a lacuna, vivencie a abertura e deixe-a florescer internamente. Não existe melhor maneira de descobrir quem você é.

É quando a espiritualidade se torna não apenas real, mas aventurosa e divertida. Você pergunta, "Esta abertura, esta presença" – chame-a como quiser – "é o que eu sou?". Você começa a sentir ou perceber que está em algo que não é uma criação do pensamento, da crença ou da fé. E o fato de começar a compreender isso, apenas esse estado de despertar que é livre de toda identidade, é fascinante. No zen, nós chamamos esse estado de o não criado; é a única coisa que sua mente não está criando.

Existe uma linda parábola da Bíblia que diz ser mais fácil um camelo passar pelo buraco de uma agulha do que um rico entrar no reino dos céus. Tentar agarrar-se às suas identidades, mesmo que sejam as mais espirituais, as mais sagradas, é como tentar empurrar um camelo pelo buraco de uma agulha. São grosseiras demais, grandes demais, falsas demais, fabricadas demais para atingir a verdade. Mas existe algo capaz de passar pelo buraco da menor das agulhas e chegar ao céu: o espaço, seu próprio vazio. Nenhum de nós pode levar consigo um único fragmento de identidade autocentrada.

O céu é a experiência de quando entramos em nosso estado de vazio. Realizamos nosso próprio puro estado de despertar e vemos que o que somos é puro espírito sem forma. Reconhecemos que o espírito sem forma é a essência, a presença animadora de todas as coisas. Isso é estar no céu, pois, em cada passo, espírito e essência ocupam o nosso corpo. Esse é o verdadeiro significado de nascer de novo. Nascer de novo não é somente uma experiência emocional de conversão religiosa. Isso pode ser bom, mas é apenas como trocar de roupa. Nascer de novo é, na verdade, nascer *de novo*, e não ganhar uma nova vestimenta espiritual.

Mais precisamente, é ser *inato* quando compreendemos que o eterno estado de vazio corresponde, de fato, a viver esta vida chamada "minha vida".

Mas só o fato de você compreender a verdade e despertar espiritualmente não significa que sua vida será uma ascensão infinita de sucesso. Essa não seria a paz que ultrapassa todo o entendimento. Contanto que nossa vida esteja boa, é fácil ter paz. Mas a vida faz o que faz, como um oceano em movimento. Sejam altas ou baixas as suas ondas, o oceano permanece insondável, e, sendo você alguém que nada é, ele não o prejudica. É nesse estado de despertar que está a paz que ultrapassa o entendimento, e sua vida não precisa estar a contento para alcançá-la. Ela pode simplesmente fazer o que faz: apenas fluir. Você não se importa.

* * *

ALUNO: Abrir mão de nosso egocentrismo para que possamos vivenciar o despertar. Você acredita que o egocentrismo é *descascado* de nós como descascamos uma laranja?

ADYASHANTI: Descascar é como ter um sonho à noite, em que você sonha que está indo a um terapeuta e começa a se sentir cada vez melhor, e sente que está chegando a algum lugar. Despertar é como se você estivesse sentado no sofá contando a sua história, e você ainda está muito confuso – não foi muito longe. Então, de repente você compreende que isso é um sonho, não é real, você o está criando. Isso é despertar. Há uma grande diferença.

ALUNO: Eu criei tudo?

ADYASHANTI: Tudo. Mas o estado de despertar em você não está sonhando. Só a mente está sonhando. Ela conta histórias para si mesma e quer saber se você está progredindo. Ao mudar para o estado de vigília, você compreende: "Espere, isto é um sonho. A mente está criando um estado alterado de realidade, uma realidade virtual, mas ela não é verdadeira. É apenas pensamento". O pensamento pode contar milhões de histórias dentro do despertar, mas não vai modificá-lo nem um pouco. A única coisa que vai mudar é a forma de o corpo sentir. Se contar a si mesmo uma história triste, o corpo reage a isso. E se contar a si mesmo uma história de autoexaltação, o corpo sente-se inflado, confiante. Mas ao compreender que tudo são histórias, pode haver um vasto despertar fora da mente, fora do sonho. *Você* não desperta; o que está eternamente desperto *se* realiza. Aquilo que está eternamente desperto é o que você é.

2

SATSANG

Encontramo-nos aqui para reconhecer a Verdade, que é eterna. Estar em *satsang* significa estar em associação com a Verdade. Quando compreendemos isso, podemos nos reunir aqui com uma intenção em comum.

Ao vir a um *satsang* para associar-se à Verdade, você está disposto a indagar "Quem sou eu?" ou "O que sou eu?" sem qualquer roteiro ou papel, sem a história de quem você é e o que você é, liberando o roteiro do que acredita ser a sua vida. Qualquer senso de identidade tem seu roteiro. Alguns dos papéis nesses roteiros poderiam ser "Sou o cara ou a garota bem-sucedido(a)", ou "Sou o fracassado'; ou "Sou aquele cujos relacionamentos nunca dão certo"; ou "Sou o buscador espiritual que teve inúmeras experiências espirituais". Cada um de nós tem um papel específico e nossas histórias sobre tal papel. Mas nossos papéis e histórias não são o que somos.

O bonito do *satsang* é que ele é uma oportunidade para despertar de sua história. Ao começar a compreender o que é a Verdade, você reconhece que a Verdade não é uma abstração, nao está em algum lugar lá longe, distante de você, e não é algo a ser aprendido amanhã. Descobre que a Verdade é quem você é sem sua história ou roteiro neste exato momento.

A verdadeira bênção deste encontro é a oportunidade de parar exatamente agora, não amanhã. O despertar para a verdade de seu Ser não será obtido no futuro. Não é algo para o qual você se prepara ou mesmo que mereça. Despertar é uma mudança radical na identidade. Você acredita ser você, mas não é. Você é o ser eterno. A hora de despertar é agora. Não amanhã. Agora.

Quando o *eu inferior* começa a compreender por que está aqui em *satsang*, ele pensa, "Não é possível que este lugar seja para mim. Pensei que tivesse vindo aqui para obter uma vantagem, mas não há vantagem alguma". É uma ideia revolucionária para alguns de nós ir a um lugar – ou fazer algo – onde não obteríamos vantagens. Não que haja algo de errado em lograr vantagem algumas vezes. Mas em *satsang*, o que passamos a perceber é que nossa felicidade e liberdade não têm nada a ver com obter qualquer tipo de vantagem. Ao contrário, elas têm tudo a ver com permitirmo-nos vivenciar como é, neste momento, estar completamente desarmados de nossa estratégia. Isso inclui nossa estratégia de nos livrarmos da estratégia. Essa é uma oportunidade para pararmos todas as estratégias de querermos ser.

A bênção aqui é que estamos dando as boas-vindas à experiência direta de desarmamento do pequeno *eu inferior*. Em quase todo lugar que se vá, essa sensação de estar desarmado é afastada, escondida; não é nem mesmo mencionada ou reconhecida. Aqui, ao contrário, podemos perguntar, "O que sou eu, e quem sou eu agora – sem minha história, sem minha exigência em relação a este momento, sem minha esperança deste momento, sem meu roteiro?". A mente, se fosse dizer algo, responderia, "Eu não sei", pois a mente não sabe o que ela é quando está desarmada, não sabe quem ou o que ela é sem interpretar seu papel ou personagem.

O ator que está encenando tudo isso é chamado "*eu*". Mesmo quando respondemos ou damos as boas-vindas ao chamado de *satsang*, o ator mantém-se firme, e a tendência da mente é dizer,

"Eu estou aqui". Mas quando olhamos para o que está por trás de "Eu estou aqui", é como gritar em uma sala vazia – há um eco, "eu estou aqui", e sempre que olhamos, só encontramos um eco. Quem? "Eu estou aqui." Quem?

Então, você começa a se soltar ainda mais, a se desarmar do envolvimento no jogo mais sutil de pensar que é um ator por trás do papel. Começa a ver que é somente outra narrativa. Se olhar de verdade, existe a bela chance de estar totalmente desarmado, pois não encontrará um ator; nem absolutamente ninguém.

Quando ocorre esse desarme, você está permitindo que a experiência silenciosa se apresente. Essa é a experiência de ser que só se pode vivenciar por si mesmo. Você irá perceber que não se trata de um roteiro ou papel, que não existe uma pauta nem uma exigência em relação a este momento. E também não é o ator. O que você é precede sua ideia de si mesmo.

Assume-se que o que você é sem seu papel, em geral, está oculto em algum lugar. E, ao abandonar seu papel, ao olhar para além do personagem chamado *"eu"*, para a verdade do seu ser, você pode pensar que há alguém para encontrar que está de algum modo oculto. Se isso acontecer, ao chegar a esse estado de abertura, você pode pensar, "Não há ninguém aqui, mas vou procurar mesmo assim, procurar o *Self*, a Verdade, o *eu* iluminado". Buscar o *self* iluminado é apenas outro papel, outro roteiro. É parte do roteiro do buscador espiritual. Se soltar esse roteiro... O que você é *neste momento*?

Obviamente, a razão de lhe pedir para investigar internamente o que você é se dá porque, neste momento, você está vivendo a resposta. Nada do que eu lhe dissesse seria um substituto para essa vivência, para se *viver* a resposta. É por isso que se diz tantas vezes que somente aqueles que não sabem quem são são os que estão despertos. Todos os demais sabem quem são.

Essas pessoas são seus roteiros, seja qual for, mesmo que o roteiro seja "Eu não estou desperto". O estado desperto não tem roteiros, é saber que, no fundo, o roteiro é só um roteiro, e uma história, somente uma história.

Existe um estado em que a mente diz, "Não tenho a menor ideia de quem sou", porque não consegue encontrar o roteiro certo. O despertar é a percepção que ocorre depois que a mente diz, "Desisto. Não tenho a menor ideia de quem sou". Ao começar a compreender isso e a colocar de lado seu roteiro de ser alguém que ouve, que diz algo, e soltar esses roteiros por um momento, você não é quem considerava ser. Vir a um *satsang* é algo bem revolucionário para essa ideia de um *eu* que faz, pois este acredita que vai alcançar sua felicidade mudando seu roteiro, seu papel, sua identidade – mesmo que sua identidade seja não ter identidade. Ele fará qualquer coisa para manter a bola chamada "*eu*" em movimento.

Nossa cultura espiritual tornou-se muito ardilosa. Temos conceitos espirituais cada vez mais sutis para usar em nossas conversações. Várias pessoas substituíram os antigos e pesados conceitos de Deus e pecado pelas palavras consciência e condicionamento, que soam um pouco mais leve. O indivíduo espiritual moderno tem esses conceitos extremamente abstratos. Quanto mais abstrato o conceito, mais transparente ele é. É difícil ter uma imagem da consciência e colocá-la em seu altar. O altar continua vazio. Se quiser ver a Verdade, não coloque nada nele. O melhor altar de todos estaria vazio.

Mesmo conceitos abstratos – se você se identificar com eles – podem fisgá-lo e impedirem que a mente se desarme. Até quando ocorre uma experiência repentina de despertar, é muito fácil para a mente entrar nesse espírito vivo do estado desperto, etiquetá-lo e transformá-lo em algo como: "Isto é o estado desperto, ou percepção consciente ou consciência, ou *Self*. A mente dará qualquer nome só para não ser desarmada. Vemos que mesmo o conceito mais sagrado, se não for mantido muito levemente, pode tornar-se uma defesa sutil contra o presente estado de ser que não pode ser fixado em um conceito.

Se perguntarmos "Quem sou eu sem o conceito do *eu*? O que sou sem o *eu*?", instantaneamente o silêncio pode se abrir, a ausência de conceitos pode se abrir. Permita a experiência de "O que eu sou? Quem sou eu?", pois essa é a resposta viva a tais perguntas. É vivo! Nesse momento de radiante despertar, existe um mistério que se desdobra em si mesmo, de momento a momento. Esse estado vivo de ser – chame-o como quiser – é a única coisa que você sempre foi, sempre será e é, neste exato momento. Você não é um ser humano; você é o ser com aparência humana.

A verdadeira investigação acontece como uma indagação infantil: "Isto é quem eu realmente sou?". Não pense sobre isso, mas permita-se estar cada vez mais desarmado por meio dessa pergunta. Quanto mais você entrar sinceramente no desconhecido de forma experiencial, mais estará desarmado. Já notou que a mente não sabe o que fazer? Convide esse senso de desconhecido e não se preocupe em estar desarmado. Note que bem no meio disso há um estado desperto, radiante. Misteriosamente, ao acolher o reconhecimento desse estado desperto, você pode despertar com ele.

Ao permitir o estado desperto, vai descobrir que ele brinca com a sua vida. Não se move de acordo com a programação do *eu inferior*, que tem todas as ideias sobre como isso ou aquilo vai acontecer quando você despertar. O estado desperto não poderia se importar menos com a sua programação. Ele está se movendo e não ouve o que você quer, e você fica agradecido por ele não estar ouvindo. Você descobre que ele tem seu próprio movimento, que, suponho, é a entrega verdadeira – seguir tal movimento. Esse é o verdadeiro significado de "seja feita Vossa vontade".

A mente pode ficar preocupada ao ser desarmada e ao soltar todos os seus conceitos e roteiros. Ela poderia dizer, "Posso não conseguir o que quero". E digo que você é muitíssimo afortunado se não conseguir o que quer! Não consegui nada do que eu queria do despertar. Pensei que fosse resolver várias coisas. Tinha muitas ideias do que o despertar iria me dar. Esqueça! Não é que você não vá conseguir o que quer, mas você não se *importará* se vai conseguir o que quer. Não consigo pensar em algo que tenha obtido e pensei que fosse obter. A única coisa que aconteceu foi eu não ter me importado mais. Era um sonho repugnante esse de pensar que tais coisas fossem necessárias para eu ser feliz.

Dar as boas-vindas ao mistério de seu próprio ser é *satsang*. Isso frequentemente opõe-se ao que é a espiritualidade – afastar seu próprio ser, ou definir o mistério, ou ornamentá-lo com pérolas, flores etc., de forma que pareça ser um poderoso mistério. *Satsang* é um acolhimento, um tal acolhimento, até que a identidade desmorona e o mistério compreende, "Ah, eu sou isto! Pensei que eu fosse aquele lá com aquela programação. Pensava que era o ator dos personagens. Achei que *fosse* o personagem". Nada disso é verdadeiro. Quando o personagem chamado "Eu sou um ser humano" termina, chamamos isso de morte. É bem mais fácil se você deixar esse papel morrer antes de o corpo perecer e colocá-lo para descansar agora. Através do *satsang* você pode despertar para ser o que eternamente é e ter vida verdadeira.

ABERTURA

Uma parte importante do *satsang*, quando nos reunimos para explorar a Verdade, é estar de coração aberto. Para alguns seres humanos, é mais fácil ter a mente aberta, para outros é mais fácil ter o coração aberto, mas, para estar realmente aqui e agora, ambos são necessários. Quando estamos abertos, não filtramos a experiência nem construímos uma barricada à nossa volta. Não tentamos nos defender, mas abrimo-nos ao mistério indagando em que acreditamos.

Ao se dar esse presente maravilhoso de não tentar se descobrir dentro de algum conceito ou sentimento específico, a abertura se expande até que sua identidade se torne cada vez mais a própria abertura, e não algum ponto de referência na mente chamado crença ou um sentimento específico no corpo. A chave não é querer se livrar de pensamentos ou sentimentos, mas não se colocar dentro deles.

A abertura não tem uma localização específica. Parece estar em todo lugar. Há espaço para tudo. Pode haver um pensamento ou nenhum. Pode existir um sentimento ou não haver nenhum. Pode haver sons. Pode haver silêncio. Nada perturba a abertura. Nada perturba a sua verdadeira natureza. Só ficamos perturbados quando nos limitamos por meio da identificação a um ponto de vista específico, com um conceito de quem somos ou quem acreditamos ou sentimos ser; entramos no contrafluxo do que está acontecendo. Mas, quando somos a nossa verdadeira natureza, que é a abertura, descobrimos que, na verdade, não estamos nos opondo a nada. O que quer que esteja acontecendo na abertura é perfeitamente certo, e assim somos capazes de responder à vida de forma espontânea e sábia.

Satsang tem a ver com recordação. É como se você se esquecesse de que era essa abertura e pensasse ser alguma coisa. Os humanos teceram infindáveis mitologias sobre como esquecemos, mas o "como" realmente não importa. A essência do *satsang* não é mudar e alterar a si mesmo, mas recordar o que se é. A Verdade tem a ver com recordar, reconhecer ou realizar sua verdadeira natureza.

Sabe aquela experiência de se esquecer de algo que estava em sua mente há um minuto? A mente pode até se esforçar para relembrar, mas isso só dificulta ainda mais as coisas. O que ajuda de verdade? Relaxar um pouco. Esquecer que está tentando se lembrar e relaxar. "Ah, sim, é isso!" A resposta vem do nada. A autorrealização acontece exatamente assim: neste momento. Ela acontece quando há intenção de relaxar e de não saber.

É possível ter uma experiência de abertura agora mesmo, neste momento. Você não precisa se abrir ou ficar mais aberto. Reconheça simplesmente a abertura que já está sendo vivenciada aqui e agora. Isso é conhecido internamente, externamente, em qualquer lugar. Apenas sinta a experiência. Liberte-se da palavra "abertura". Deixa-a desaparecer e a experiência vai se aprofundando e tornando-se cada vez menos dependente das palavras. Simplesmente *ser* a partir do lugar em que não há palavras. Assim você não se confunde com as palavras e não limita sua experiência ao acreditar nelas. Mas assim que você impõe a palavra "abertura", sua experiência adquire um certo sabor que não é bem o *certo*. Pode estar bem próximo, mas não é exatamente o que era quando não se tinha o conceito.

Esse soltar pode aprofundar-se. Esse aprofundamento pode ser parecido com cair no desconhecido para a mente, que tende a conceituá-lo e limitar a experiência, embora, de fato, seja um saber mais profundo da experiência de *ser* propriamente. Nessa experiência mais profunda, a pessoa limitada que você pensava ser começa a compreender que, na verdade, é essa abertura. Verá também que isso é o que os outros são. Quando você se libera, não está apenas liberando a si mesmo, está liberando o próprio *Self*. Você se recorda do *Self* de todos porque é o mesmo *Self*. Quando isso é compreendido, permite a total transformação da interação humana.

Mente aberta, coração aberto. Perceba que não há ninguém aí para ser protegido. Não há a necessidade de uma barreira emocional ou de sentimentos de separação e isolamento que advenham dessa barreira. A única razão de você ter acreditado que precisava de proteção foi um mal-entendido muito inocente que aconteceu porque, ao lhe ser dado um conceito de si mesmo na tenra infância, você também recebeu um *kit* para edificar as paredes que protegeriam esse conceito. E aprendeu a adicionar coisas ao *kit* à medida que as circunstâncias surgiam. Se uma boa dose de raiva parecia útil, você a acrescentava ao *kit*; ou talvez juntasse ressentimento, vergonha, acusação ou vitimização. Quer tenha se prendido a uma autoimagem de uma boa pessoa ou de alguém inadequado, o *kit* de identidade é usado para proteger tal imagem.

Isso é muito inocente. Acontece sem que você saiba que está acontecendo. E continua até que você compreenda que, inerente a esse apego ao "*eu*" como autoimagem, na mente e no corpo, está a crença de que você precisa de proteção. Não se pode ter um sem o outro. Estão juntos na mesma caixa.

Quando você remove a sua proteção, a verdade entra e leva embora a autoimagem. É por isso que a autoimagem vem com uma parede, pois, sem a parede, a recordação de sua verdadeira natureza saltaria rapidamente e levaria a autoimagem embora, fosse boa ou ruim. Não existe autoimagem sem uma parede e que não traga, em si, o sofrimento. Você não só tem suas próprias paredes como também as que projeta em outras pessoas, as imagens que você tem delas que o impedem de ver a verdadeira natureza que elas possuem.

Ao se ter a intenção de ver que uma imagem não é real, as paredes caem. Quando a parede intelectual se abre, sua mente se abre. Quando a parede emocional se abre, o coração se abre. Quando a percepção da Verdade remove o *eu* limitado, de repente não existe autoimagem, mas apenas a presença total. Presença total! Essa abertura acontece no presente e não tem imagens. Não existe necessidade de protegê-la. Alguém pode gritar com ela, e o som passa pelo espaço. Tudo bem. Alguém pode amar isso. É legal, mas não acrescenta ou subtrai nada.

O engraçado sobre a Verdade, ou iluminação, ou despertar, é que a perdemos, embora ela não esteja oculta. Não está distante, aguardando o momento em que a mereceremos. É difícil encontrá-la porque ela está bem aqui. Essa abertura sempre esteve aqui. Se tivesse voz, estaria dizendo algo como, "Pelo amor de Deus, eu me pergunto por quanto tempo essa coisa de imagem vai continuar!"

Esse *Self* sem imagem – chame de estado desperto, de percepção consciente, de abertura ou de qualquer palavra que possa lhe ativar a recordação – é muito silencioso. Mas não acredite nisso porque eu estou falando. Leve essas palavras para dentro de você. Descubra por si mesmo. Você é a autoridade. Eu sou apenas o mensageiro.

Quanto mais você perceber que é abertura, mais seu corpo físico compreende que não existe nada para proteger. Assim, ele pode se abrir. No nível emocional, é possível sentir isso como uma sensação em seus músculos e ossos. A função mais profunda do corpo começa, então, a se desdobrar e torna-se uma expressão da abertura que você é na forma física, uma experiência da verdade, e não um protetor do *eu*. Torna-se uma extensão da própria abertura. O movimento de sua mão ou de seu pé torna-se uma expressão de abertura; o contato com um objeto parece ser uma extensão da abertura. Você sente uma fascinação quase infantil pelo movimento, com seus sentidos e com o que está presente no mundo. A diferença é que, quando o despertar espiritual se aprofunda e amadurece, se tem o que falta à criança: a sabedoria. A criança, com o tempo, identifica-se com os objetos aos quais dirige a atenção e com as mensagens que outros lhe passam sobre si. Quando o corpo-mente maduro começa a ser uma extensão da abertura, de sua verdadeira natureza, redescobre a inocência; mas agora existe uma sabedoria profunda que permite ao corpo-mente estar fascinado sem prender ou afastar algo, o que é desnecessário. Assim, o movimento e a fascinação não são infantis. São pueris, mas absolutamente sábios. Essa abertura contém a mais profunda sabedoria. E, finalmente, você será capaz de ficar fascinado por algo sem se perder em uma identidade e sem a sensação de que possa estar ameaçado.

O mundo inteiro de uma criança tem a ver com o corpo dela. É assim que deveria ser, que precisa ser. Mas o sábio inocente não está preocupado em sustentar o corpo. Ele é sustentado, mas não devido ao medo de não o sustentar. É por isso que no relembrar, no mais profundo retorno à casa, ao *Self*, existe uma liberdade para se estar ali de verdade, vivendo esta vida sem medo.

Outro aspecto da abertura é a intimidade. O acesso mais rápido à Verdade, e também à beleza, é quando estamos totalmente íntimos de toda a experiência, a interna e a externa, mesmo que a experiência não seja "boa". Ao estar íntimo de toda a experiência, a mente dividida precisa se libertar de qualquer projeção que tenha no momento. Nessa intimidade ficamos muito abertos e descobrimos uma vastidão. Não importa se as qualidades da experiência são desagradáveis ou belas, assim que você estiver íntimo da totalidade da experiência, existirá abertura.

Quando há intimidade com a totalidade da experiência do momento, a percepção consciente não está limitada ao que está acontecendo em seu corpo emocional, em seu corpo físico, em suas percepções e pensamentos. Existe apenas uma totalidade percebendo a si mesma, sentindo-se ou pensando-se, e o que quer que esteja acontecendo tende a se resolver. Quando a totalidade percebe a si mesma é bem diferente de quando o *eu* está tendo uma experiência. Quando nos libertamos dessa forma, como costumava dizer o mestre zen Bankei, "Está tudo perfeitamente organizado no Inato". Ele usava o termo Inato para o que eu chamo de Verdade. Quando a totalidade percebe a si mesma, tem-se a impressão de que o Inato está se organizando completamente. Ela jamais se prende à experiência. Simplesmente se harmoniza e desfruta de si mesma. E quando você se liberta de seu projeto ou de sua programação, é possível ver que tudo está perfeitamente organizado no Inato.

Às vezes, você nota que tem algum projeto em mente. Está tentando se livrar de algo ou compreender alguma coisa, e fica pensando nisso. Considere conceder-se uma pausa e pare de pensar por um instante. Einstein fazia isso. Pensava sobre um problema e depois parava de pensar nele, acreditando que tinha chegado até onde lhe fora possível e exaurido o processo de pensamento racional. Mas fazer isso é ardiloso. A maioria das pessoas descobrem que o processo de pensamento racional as leva a uma borda e, em vez de parar, dão uma guinada de noventa graus à direita ou à esquerda e começam a se movimentar por essa borda, pensando horizontalmente, puxando mais fatos, experiências e memórias. Isso se chama perda de tempo. O único uso poderoso do pensamento é um processo racional que vai até a borda do pensamento e depois para. Esse processo deixa que alguma outra coisa entregue o que precisa ser entregue, muito parecido com o que Einstein fazia ao levar o processo de pensar ao limite e depois deixar que ele entregasse o que precisava ser entregue. Então, o Inato organiza tudo de forma perfeita simplesmente por estar íntimo da experiência.

O acesso mais rápido a essa abertura, à sua verdadeira natureza, não se dá muito pelo pensar, mas através dos cinco sentidos. Por exemplo, se você ouvir a totalidade do momento e não apenas os sons que estão disponíveis aos seus ouvidos, se sentir a totalidade do momento, irá se abrir para além do espaço limitado do *eu*. Existe uma sensação específica em seu corpo, e você a sente – e a amplia. Você sente o silêncio absoluto. Sente os pássaros. Sente como é sentir um som.

Os cinco sentidos lhe dão acesso imediato, além da mente da realidade virtual, a algo que não é mentalmente criado. É surpreendente quando se começa a deixar os cinco sentidos se abrirem. Você percebe que 99% do seu problema era ter tudo confinado, focado em uma única direção, e, ao abrir-se ao todo, tudo fica mais claro. Assim que começar a sofrer, note que seus cinco sentidos desistiram de focar no todo e estão focados somente em uma coisa, no que causa sofrimento.

Você começará a notar que muito do sofrimento aconteceu porque esse foco em um ponto limitado da experiência torna muito difícil ao Inato lidar consigo. Mas assim que o foco se abre, sabe-se que o Inato está se organizando, e tudo está bem, mesmo que pareça não estar. Então você pode ir para além de um ponto de vista limitado e ver que não é realmente verdade que *você* percebe todas essas experiências, mas é a *totalidade* que percebe a *si mesma*.

4

Inocência

Três qualidades emergiram de mim quando vivenciei um despertar profundo: sabedoria, inocência e amor. Embora sejam, de fato, partes de um todo, essa totalidade pode ser expressa por essas três qualidades.

O despertar abre a sabedoria. Quando falo de sabedoria, não significa que de repente fiquei esperto. Significa simplesmente que compreendi a Verdade. Essa Verdade é o que sou. Isso é o que é o mundo. Isso é o que *existe*. A sabedoria é a percepção do que se é. É a percepção da Verdade, da única e verdadeira verdade. Essa Verdade não é uma questão de filosofia, ciência, fé, crença ou religião. Vai além de tudo isso, muito além.

A segunda qualidade que nasceu desse despertar foi a inocência. Essa tremenda inocência produz o sentimento de um estado de *novidade* sempre presente na vida. Desde o despertar, o cérebro não executa mais as ações de pausar e comparar, e cada momento é vivenciado como novo, da mesma forma que seria na mente de uma jovem criança. A mente adulta tende a internalizar tudo, a comparar suas percepções com a mesma ladainha de coisas que aconteceram no passado e, basicamente, a manter a atitude de "já passei por isso e já agi dessa mesma forma". É bem árido, seco e enfadonho. A mente inocente emerge quando essa comparação deixa de acontecer. Essa inocência também poderia ser chamada de humildade. Mas, pessoalmente, gosto da palavra inocência, pois acredito que esteja mais próxima da experiência real.

A terceira qualidade que emergiu foi o amor. Esse amor se dá simplesmente pela existência. O que nasce no despertar é um amor pelo que *existe* – por tudo o que existe. O mero fato de algo existir parece maravilhoso, pois o *insight* do despertar é bem profundo, há a percepção de quão tênue é a existência. Não quero dizer apenas que poderíamos ser mortos a qualquer momento. Quero dizer que vemos um milagre inacreditável, vemos quão inimaginavelmente fácil seria não existir absolutamente nada aqui. (Na verdade, não existe absolutamente nada, mas isso é uma outra história.) O fato de as coisas existirem é entendido como um milagre absoluto e pleno, e com esse entendimento vem o nascimento de tanto amor simplesmente pelo que existe. É um amor diferente daquele de quando adoramos receber o que queremos ou encontramos o parceiro ou parceira ideal. É um amor pelo fato de termos cadarços ou pelo fato de as unhas dos pés existirem; esse tipo de amor. Um amor tremendo emerge simplesmente pelo milagre que é a vida, compreendendo que todos e tudo são o Uno.

Quando o despertar é muito profundo, não operamos mais a partir do *self* pessoal. Em outras palavras, nada está relacionado a "mim". Os pensamentos não têm a ver comigo; os sentimentos não estão relacionados a mim; o que os outros fazem não tem a ver comigo; e o que acontece no mundo não tem relação comigo. No estado egoico da consciência, todas as coisas que acontecem estão literalmente acontecendo a uma projeção do "eu". Certo? Esse é o estado "normal" de consciência.

Ninguém pode realmente explicar o que é o *self* pessoal; nós simplesmente o sentimos. É algo visceral. Não é só como agimos ou o que falamos; é nossa fixação central do *self*. À medida que percebemos claramente, compreendemos que o *self* pessoal não é quem somos e que nunca foi algo substancioso, para início de conversa. E à medida que investigamos nossa verdadeira natureza, surge um paradoxo: quanto mais compreendemos que não existe um *self*, mais estamos intimamente presentes, de fato.

O que ocupou o lugar do *self* pessoal na minha experiência foram a inocência e o amor. É claro que eles sempre existiram, mas estavam encobertos por esse conglomerado de pensamentos e sentimentos que se tornaram "*eu*". Essa inocência continua a me surpreender, pois jamais cessa. Continua a ser inocente não importa quanto veja, não importa quanto cresçam em profundidade o seu *insight* espiritual ou seu alicerce espiritual, e continua a florescer mais inocente. Com o sentido egoico de *self*, quanto mais sabemos, menos inocentes nos sentimos. Mas, para nossa verdadeira natureza, quanto mais sabemos, mais inocentes no sentimos.

Chamo esse sentimento de inocência não só porque traz o sentimento de inocência com o qual todos se identificam, mas também porque passa a sensação de ser muito desprotegido. Quando estamos desprotegidos, notamos que essa inocência advém somente de si mesma. Uma maneira de entender isso é: quando nos relacionamos a partir do estado egoico de consciência, basicamente partimos de uma ideia, de um ponto de vista, que é um conglomerado de crenças e memórias. Quando falamos de inocência, não falamos de uma ideia, ponto de vista ou de uma crença. Falamos da inocência propriamente dita, que não é um ponto de vista específico. Ela não tem uma ideologia, uma teologia; não tem uma lista de crenças, de ideias. É a única coisa no mundo que certamente não sabe o que está acontecendo. Na inocência não há ideias sobre o que está ocorrendo, e esse é o assombro. Quando digo que ela não sabe o que está acontecendo, quero dizer que ela não se relaciona com a experiência através do pensamento. Ela contorna o pensamento quando se relaciona com a experiência. Não passa por nenhum filtro. É por isso que é inocente.

Esse aspecto do *self* desperto, essa inocência, está na verdade presente como um sabor em cada ser. Para a mente, para o estado egoico de consciência, pode parecer um lugar agradável de se visitar, mas é um lugar aterrorizante para se ficar por um tempo, pois pega todas as ferramentas do estado egoico de consciência e as inutiliza. O estado egoico de consciência gosta de visitar esse lugar porque é um pequeno alívio agradável, como ir às Bahamas por alguns minutos, internamente. Mas a mente não se sente confortável lá porque, enquanto isso, está fora de operação. Vemos que não somos quem pensávamos ser, e o mundo não é o que pensávamos que fosse. Tudo é novo, aberto e imprevisível, o que faz o ego se sentir inseguro.

Pode ser difícil entender quão perfeita é essa inocência. Por exemplo, se estiver sentado em uma cadeira e uma certa sensação que sua mente rotularia imediatamente como medo tomasse seu corpo, a inocência não conheceria essa sensação. Mesmo um sentimento que a mente chamaria de medo não é reconhecido pela inocência porque não é percebido pela mente. A inocência olharia para tal sentimento como: "O que é isto?". Ao nos interessar por algo, vamos em direção a isso. Se um som é interessante, nós nos inclinamos na direção dele. Se um aroma é interessante, inspiramos. A inocência apenas olha com curiosidade e pergunta: "O que é isto?". E atrai a sensação para bem perto. Descobre qual é a sensação por meio da experiência, e não pela ideia. É bem diferente vivenciar a sensação de medo pela experiência do que pela ideia do medo. Assim que o pensamento que diz "medo" surge em sua cabeça, evoca não somente aquele momento, mas incontáveis gerações de medo, porque a palavra medo é passada através de gerações (existe uma transmissão de mente de uma geração para outra).

Mas a inocência não está olhando por meio do pensamento, por isso vai além da história. Está descobrindo cada momento de maneira nova. Não é algo que a mente egoica escolhe, "Ok, vou ser inocente, descobrir cada momento e prestar atenção". Isso é perdê-la, pois a transforma em um projeto para o estado egoico de consciência. A inocência já existe e se aproxima e vivencia cada momento de uma maneira totalmente inocente. Ao começar a tocá-la, você começa a sentir a curiosidade própria da criança, que lhe é inerente; descobre que na verdade ela se move em direção à experiência, a cada coisa. É por isso que em várias religiões existe a orientação para sermos como crianças – o que não é ser infantil, mas trazer à tona a criança que vive em nós –, pois esse estado próprio da criança está sempre vitalmente interessado no que é. Essa é a qualidade de frescor que sentimos quando vivemos a partir do *self* não separado.

É claro que ainda temos um cérebro e pensamentos, coisas são aprendidas e experiências acumuladas. O estado egoico de consciência sempre percebe através desse conhecimento acumulado. A única diferença de viver a partir de um *self* não separado é que não atingimos a percepção através dessa acumulação, embora possamos alcançá-la quando é necessário. Perceber por meio da inocência, pelo contrário, torna-nos, na verdade, extraordinariamente mais capazes de sermos sábios no momento, pois, nesse estado, a sabedoria mais profunda do momento emerge. Essa sabedoria pertence somente ao momento e não é parte de nosso conhecimento acumulado. No zen, chamamos isso de *prajna*, "sabedoria do coração", que é uma sabedoria que pertence ao todo. Pertence ao momento. Não mais nos relacionamos a partir de um senso de *eu* pessoal, mas do todo da existência.

Outra qualidade que descobri no despertar foi um amor pelo mero fato da própria existência. Não era um amor causado por alguma coisa. Não se baseava em um dia bom, ou em uma pessoa boa, ou em um bom encontro, ou em um sentimento bom. Na verdade, poderia não ser um dia tão bom, um encontro ou uma pessoa tão agradável, ou um sentimento tão bom, e ainda assim havia o mesmo amor por tudo. É um amor que ama viver esta vida porque na vida esse amor está encontrando a si mesmo a cada momento.

O despertar revela que não há um *self* pessoal e que tudo sou eu. Parece ser um paradoxo. Descobrimos que somos nada e absolutamente tudo simultaneamente. Quando vemos isso, compreendemos que não há nada acontecendo a não ser o amor encontrando a si mesmo – ou poderíamos dizer que você está se encontrando, ou que a Verdade está encontrando a si mesma, ou que Deus está encontrando a si mesmo. O amor encontra a si mesmo a cada momento, mesmo se for um momento rançoso. Isso jamais ocorrerá através do estado egoico de consciência, filtrado pela mente. Mas, a partir da inocência, o amor está simplesmente encontrando a si mesmo. Se você me amar, o amor vai se encontrar. Se me odiar, tudo bem, o amor vai se encontrar também. E o amor ama se encontrar. Estou falando de o Uno encontrar a si mesmo, autorrealizar-se, experienciar a si mesmo.

Esse é um amor que inclui o bom sentimento que associamos ao amor, mas também transcende, e muito, os bons sentimentos. É um amor que é muito mais profundo do que uma experiência. Você já notou que quando o amor emerge, seja qual for a qualidade de amor que se tenha vivenciado, ele abre sua mente e suas emoções? É uma abertura para o que estiver acontecendo. O estado egoico de consciência está sempre fechando portas. Emocional e intelectualmente, está sempre batendo a porta quando o momento não é o tipo "certo" de momento, o que ocorre cerca de 99% das vezes. Mas a inocência e o amor não fecham portas, mesmo diante de algo muito desagradável.

Note que quanto mais você abandonar seu senso de *self* pessoal, mais a inocência se insinua. E quanto mais a inocência é conhecida, mais o amor põe a cabeça para fora e começa a experienciar a vida, viver a vida, e a se mover dentro dessa vida. A sabedoria torna-se disponível agora porque alguém está aberto. E então a sabedoria se aprofunda, a inocência se aprofunda. E a inocência permite mais amor, e quanto mais amor houver, mais espaço existe para a sabedoria, e assim continuamente.

Essas qualidades de amor e inocência são o que possibilita a liberação da sabedoria. Elas não são apenas resultados do florescer de sua verdadeira natureza; são também o que possibilita o despertar e sua corporificação.

5

Harmonização

No zen, uma das definições da iluminação é a harmonização de corpo e mente. Isso também significa a harmonização de espírito e matéria. Quando espírito e matéria estão em harmonia, é como se uma terceira entidade nascesse – esse é realmente o "Caminho do Meio" budista. O Caminho do Meio não tem nada a ver com a noção de estar no meio de dois opostos. O Caminho do Meio é quando espírito e matéria estão em harmonia – quando a unidade inerente é realizada. Espírito e matéria não são duas coisas diferentes; são dois aspectos do Uno. Essa é a percepção de nossa própria natureza.

Como humanos, identificamo-nos com a matéria. A matéria inclui cada manifestação, sutil e bruta. Matéria é algo que pode ser tocado, visto, sentido, percebido ou pensado. Um sentimento é matéria, e emoção também é matéria, assim como são um corpo, um veículo ou o chão.

A essência da matéria é espírito. A matéria é animada pelo espírito, pela força vital, e ambas não podem estar separadas. Embora possamos falar sobre ambas como se fossem duas coisas, se retirarmos a força vital, não existe matéria. Não é como se a matéria estivesse morta; não existe matéria.

Parte da percepção está se movendo da identificação com a matéria (que se manifesta como personalidade, ou "*eu*") à identificação com espírito. A verdadeira iluminação é quando matéria e espírito estão em harmonia. Poderíamos chamar essa harmonia de não diferenciação, ou unidade.

Quando percebemos que somos espírito, pode haver uma harmonia muito mais profunda do que a que existia antes de tal compreensão, mas ainda pode existir certa desarmonia. É providencial entender o valor de nos expormos ao ensinamento, que é o mesmo que nos expormos ao que *existe*, a cada momento. Precisamos nos expor como fazemos ao sol se queremos um bronzeado. Em vez de colocar roupas, nós as tiramos. Se quisermos ser livres, então não vestimos nossos conceitos, ideias e opiniões; nós os retiramos. Então as coisas acontecem por si. Para aprofundar essa harmonia, não podemos nos agarrar a conceitos, assim como não podemos ficar parcialmente vestidos quando queremos um bronzeamento total. Não nos transformaremos. Mas, quando estamos realmente despidos e completamente expostos, podemos nos transformar ou despertar de uma maneira muito natural.

Há vários anos, um de meus professores, Kwong Roshi, soube que eu iria acampar nas montanhas por alguns meses, então me ensinou como encontrar o lugar certo para passar a noite. Não que ele tenha me dado as informações de como fazer isso. Simplesmente discorreu um pouco a respeito e, de repente, compreendi que eu seria capaz de sentir diretamente o ambiente que fosse adequado para mim. Assim como podemos sentir os ambientes, podemos sentir quando há uma harmonização de espírito e matéria em nossos ambientes. Esses ambientes são bons para descansar e se harmonizam conosco bem naturalmente.

Quanto mais harmonização houver, mais existe uma intensificação da Verdade, ou radiância, dentro de nós. É claro que a radiância está em todos os lugares. Não podemos escapar dela. Mas, durante um período, é providencial ter certa intensificação em nosso ambiente. É útil ter apoio porque podemos perder o senso de que existe radiância em todos os lugares, constantemente. À medida que nos aprofundamos, vamos vivenciá-la em todos os lugares, mesmo que não se apresente de forma concentrada, potente ou poderosa. Alcançamos isso pela disposição de nos expor às experiências e lugares que a tornam mais potente.

Em cada retiro que conduzo, posso sentir o instante em que o retiro como um todo – alguns indivíduos antes, outros depois – começa a harmonizar espírito e matéria. Quando o *encaixe* acontece, algumas pessoas ficam alegres, e outras, receosas, pois o encontro fica mais potente. Essa harmonização é a razão de se dizer que se alguém quer despertar, deveria ficar próximo a seres despertos. Podem ser seres humanos despertos, árvores despertas, montanhas despertas, rios despertos – pode ser qualquer ambiente. Se somos sensíveis, podemos sentir quando os ambientes estão despertos. Os seres humanos podem estar mais ou menos despertos. Assim como as árvores ou uma montanha, um cânion, o alto de uma colina ou determinada rua em nossa vizinhança. Quando somos sensíveis, podemos sentir tais coisas. Ao nos expor a esse estado desperto, a esse ambiente onde espírito e matéria estão harmonizados, isso nos ajuda a despertar. Em última instância, um *satsang* é isso. Também é o que é a meditação. Nós nos expomos e então, bem naturalmente, espírito e matéria se harmonizam. De repente, o *clique* simplesmente acontece sem fazermos nada. Quanto menos fizermos, melhor.

Quando relaxamos e permitimos essa harmonização natural, existe um despertar profundo para a beleza de nosso ambiente pelo que ele é e para a beleza de nosso *self*. Esse é o Caminho do Meio, embora não esteja realmente no meio; abarca tudo. Essa sutil influência pode ser muito forte. É sorrateira como a névoa e se infiltra nas rachaduras e fendas de nossa vida. Não gosta de se anunciar com estardalhaço.

Eu me lembro do dia em que estava participando de um retiro com Kwong Roshi e, do nada, compreendi: "Sei o que está acontecendo!". Não em minha cabeça, mas internamente. Aquela influência e aquela beleza começaram a despertar em mim e compreendi algo que não fora dito, mas que sempre esteve disponível. Quando me sentava e ouvia Kwong falar nos retiros, às vezes eu estava muito interessado e realmente ouvia, outras vezes, quando a palestra não era tão interessante, eu também ouvia. Como Kwong dizia, "Às vezes, é uma conversa boa; às vezes, não é tão boa. É assim que acontece". E aconteceu em um desses dias, quando não estava prestando tanta atenção às palavras. Não estava imerso em fantasias, mas tampouco estava ouvindo cuidadosamente. De repente, foi como fumaça; aquela corrente sutil de presença foi sentida. Eu sabia: "É isso que ele está fazendo. Não tem a ver com falar, falar, falar". Compreendi que era o que estava acontecendo – ou era só um pouquinho do que estava acontecendo. Recordo-me de estar sentado lá com um sorriso, pensando quão sorrateiro ele era, pois, por alguma razão, não por escolha dele nem de nenhum dos presentes, havia uma magnificência de algo muito sutil acontecendo, porém muito penetrante.

Essa forma é sorrateira, pois acreditamos que nada está acontecendo. Portanto, não estamos perseguindo nada. Tinha perdido essa amplitude até aquele dia e aquela palestra, quando vivenciei aquela fonte sutil; ela estava simplesmente brilhando. Eu a vi e a senti, e ela então brilhou dentro de mim também. Era a mesma coisa internamente. Comecei a ver que aquilo era quem eu sou! É o que dá vida a tudo. Senti uma harmonização de corpo e mente linda, perfeita, espírito e matéria. Aconteceu simplesmente por meio da exposição. Não chamaria isso de um despertar verdadeiro, mas foi uma prévia do despertar: realizar a sagrada presença.

Carisma pode ser algo muito bonito. Mas se um professor é muito carismático, os alunos tendem a se apegar. Tendem a olhar somente para o corpo e pensar, "Que pessoa maravilhosa!". O professor pode ser uma pessoa incrível, mas não se trata de ser alguém maravilhoso. Vejo o fato de nenhum dos meus professores serem personalidades carismáticas como o maior presente que recebi. Assim que entramos na veneração do carisma, ou algo parecido, começamos a abandonar inconscientemente a presença que realmente existe, a presença que pode operar através de personalidades fortes e também através de personalidades doces e suaves. Pode operar através de grande carisma e de quase nenhum carisma. Nenhum de nós tem qualquer escolha sobre essa parte. Ela pode operar através da avó da mesma forma que pode funcionar através da guru Mãe Divina.

Quando compreendemos que passamos por essa harmonização, o que fazemos? Ficamos eternamente cozinhando em fogo baixo. Se paramos de *cozinhar* e dizemos, "Consegui!", subitamente a harmonização de espírito e matéria *desanda*. Isso é sentido muito rapidamente. Como Suzuki Roshi comentava com frequência, "Se você estiver sofrendo, fica um pouco ganancioso". É preciso uma entrega contínua para que essa harmonização se mantenha.

Os antigos taoistas chamariam isso de "retificação do *chi*". Em tempos remotos, e provavelmente hoje em poucos locais, o sacerdote – ou sacerdotisa – taoista era chamado quando havia um problema no vilarejo. Se a comunidade estivesse se desentendendo ou se ocorresse algum tipo de tumulto, ele ou ela era convidado(a). E então saía *trotando* de seu mosteiro rumo ao vilarejo e dizia algo como: "Arrumem um lugar silencioso, uma tenda e me deixem sozinho". Em seguida, sentava-se e se abria ao *chi* do ambiente, à energia. Isso é uma tremenda compaixão, pois, ao se abrir a um ambiente que esteja desordenado, você vai sentir o desequilíbrio em seu próprio ser. Tudo ocorrerá internamente como no exterior. Mas se você tiver estabilidade suficiente, se tiver *insight* suficiente, nada em você ficará preocupado com isso. Não será um problema. Nem mesmo vai lhe causar sofrimento, mas irá simplesmente acontecer: turbulência. Somente quando alguém está plenamente autorrealizado tem o destemor de fazê-lo. Do contrário, estará totalmente perdido.

O sacerdote taoista sentava-se dentro da tenda e simplesmente se abria ao *chi*, ou à energia do ambiente, e iria, então, senti-la, vivenciá-la e abrir o *chi* à luz de sua própria consciência. Isso poderia levar um dia, uma semana, às vezes um mês, mas ele simplesmente exporia o *chi* à luz de sua própria consciência e a energia começaria a se retificar. E as pessoas no vilarejo começavam a se sentir melhor e a se entender por algum tempo.

É por isso que as escrituras nos aconselham a estar próximos de seres despertos. Esse ser desperto poderia ser um ser humano, um ser-árvore, um ser-esquina. Exponha-se a eles. Não os venere nem os coloque em um pedestal. Mas exponha-se, e essa retificação acontece; essa harmonização acontece devido ao estado de consciência desses seres. Mas não se torne dependente. Você desperta a si mesmo.

A luz da consciência não tem que mudar uma mente ou alterar algo. Não existe um sentimento de que algo precisa ser mudado, embora mude. Assim, o sacerdote poderia sentar-se e tudo iria retificar-se. Todos iriam se sentir muito melhor. Obviamente não por muito tempo, pois, se não viram o sol dentro de si mesmos, assim que a consciência desperta deixa o ambiente, todos enlouquecem novamente. Mas o sacerdote está em paz quanto a isso. O sol não discute sobre onde brilhar ou por que deve brilhar. As pessoas despertam e se transformam somente quando querem isso de verdade. Até esse momento, toda mudança é temporária. Ninguém pode forçar alguém a um despertar permanente.

Ao começar a ver a luz que você realmente é, a luz despertando em você, a radiância, vai compreender que ela não tem nenhuma intenção de mudá-lo. Não tem nenhuma intenção de harmonizar. Não tem uma programação. Simplesmente acontece. A Verdade é a única coisa que você encontrará que não tem nenhuma programação. Tudo o mais terá. Tudo. É por isso que a Verdade é tão poderosa. Desista de suas programações e continue a se expor, e a harmonização ocorrerá naturalmente.

6

Liberdade

Certa vez perguntaram ao sábio Nisagardatta Maharaj como ele se iluminou. Ele respondeu: "Meu guru me disse que eu sou a fonte suprema de tudo; eu sou o supremo. Ponderei a respeito até que soube que aquilo era verdade, até que me tornei isto." E acrescentou: "E tive sorte porque confiei no que me foi dito."

Liberdade é a percepção de que essa paz muito profunda e esse desconhecido são o que você é. Tudo mais é apenas uma extensão desse desconhecido. Os corpos são apenas uma extensão desse desconhecido. As árvores lá fora são apenas uma extensão do desconhecido no tempo, na forma. Pensamento e sentimento também são extensões do desconhecido no tempo. Todo o universo visível, de fato, é somente uma extensão no tempo desse desconhecido, dessa montanha de silêncio.

É realmente importante chegar ao ponto da maturidade em que se está disposto a olhar para o que é fundamental. Existe uma diferença entre arrancar as ervas daninhas da confusão e chegar à raiz da Verdade. Você já arrancou ervas daninhas de um gramado, puxando-as apenas pelas pontas, e descobriu que nasciam de novo tão rápido que era como se o gramado jamais tivesse sido aparado? Limpar a identificação é assim.

Para arrancar sua identificação como um *self* limitado pela raiz é preciso olhar para ela de forma mais fundamental. Isso significa que você deve olhar para além de sua usual preocupação em resolver problemas pessoais. Olhar para questões pessoais é como arrancar as ervas do gramado sem remover a raiz: elas brotam de novo rapidamente. É possível ter um certo alívio em relação ao problema do dia, mas a raiz continua lá, totalmente intocada. No entanto, ter experiências, mesmo que elas clareiem os problemas ou ofereçam belos *insights*, é bem diferente de descobrir a raiz de quem você é. Se não chegar à raiz, a erva daninha cresce novamente.

Então, perguntamos: "Qual é a raiz deste lugar chamado *eu*?". É preciso conhecer a raiz de como isso começou, sua gênese. Houve um momento em que aquele amor e fascinação inocentes e silenciosos, que são a sua essência, moveram-se (do estado) de estar inocentemente fascinados e apaixonados pelo que existe para se identificar com o que é pensamento. Exatamente nesse movimento da fascinação inocente à identificação é que a liberdade se perdeu. Aconteceu bem lá atrás, no início dos tempos, e está acontecendo neste instante. Existe inocência a cada momento, a fascinação com o que for, exatamente como é. Mas, então, a mente se apresenta e diz "meu". "Isso é meu. Esse pensamento é meu. Esse problema é meu." Ou pode também afirmar o oposto, que o pensamento ou problema é "seu". Exatamente nesse ponto está a gênese, a raiz, de todo sofrimento e separação.

Ser seu verdadeiro *self*, sua verdadeira natureza, é diferente de experienciá-lo com o pensamento. Compreenda que você é o mistério e que, de fato, não pode olhar para o mistério porque só é capaz de olhar a partir dele. Existe um mistério muito desperto, vivo e amoroso, e é isso que está olhando através de seus olhos neste momento. É o que está ouvindo através de seus ouvidos neste momento. Em vez de tentar compreender tudo isso, que é impossível, sugiro que pergunte: "O que está por trás desse par de olhos, afinal?". Vire-se para olhar para o que está olhando. Encontre o puro mistério, que é puro espírito, e desperte para o que você é.

O mistério sempre cuida de si mesmo – desde que não fiquemos viciados em seguir conceitos. Esse vício interrompe o acesso ao mistério. É como ter uma joia no bolso e não conseguir enfiar a mão nele para retirá-la. Quando você entende profundamente que é o mistério experienciando a si mesmo, compreende que isso é tudo o que está acontecendo. Se chamar uma experiência de um *eu* ou de um *você*, de um bom ou péssimo dia, de beleza ou feiura, compaixão ou crueldade – tudo isso é ainda o mistério experienciando a si mesmo, estendendo-se no tempo e na forma. Isso é tudo o que está ocorrendo.

Se esse entendimento é mantido somente em sua cabeça, é possível conhecê-lo, mas você não está *sendo* isso. A cabeça está dizendo, "Ah, eu sei, eu sou o mistério"; no entanto, seu corpo está agindo como se não tivesse recebido a mensagem. Está afirmando: "Ainda sou alguém e tenho todos estes pensamentos ansiosos, quereres e desejos". Ao sermos isso conscientemente, todo o nosso ser recebe a mensagem. E quando todo o corpo recebe a mensagem, é como o ar escapando de um balão. Quando toda a contradição, tumulto e busca por isto e por aquilo se esvaziam, acontece a experiência de que o corpo é uma extensão do mistério. Então o corpo pode facilmente ser movido pelo mistério, pelo espírito puro.

Imagine que você, enquanto mistério, entra em um corpo, em um corpo diferente daquele que tem no momento, talvez em um que tenha várias contradições internas – um que tenha muitos quereres, desejos e apegos contraditórios que estão em conflito uns com os outros. À medida que você sente esse "outro" corpo, consegue enxergar que os conceitos que ele sustenta não são verdadeiros. Imagine que, ao entrar nesse novo corpo, ele não saiba que é o mistério e, portanto, está realmente se agarrando à sua identidade enquanto corpo. Agora você, enquanto mistério, vai animar e mover tal corpo. Mas como o corpo acredita que precisa estar no controle, reluta a cada passo no caminho. Sempre que você tentar mover o braço, haverá uma tensão; sempre que você abrir a boca, dela sairão palavras trôpegas; sempre que você, enquanto mistério, quiser experienciar a fascinação, terá que passar por toda aquela contradição e resistência do corpo. Mesmo que tiver as melhores intenções do mundo e toda aquela energia estiver fluindo através de você e de seu corpo, a única maneira de o corpo poder lidar com aquele amor será transformando-o em uma contradição. Ele ficará tão rígido em resposta à energia desse mistério que mal poderá se mover, caminhar, falar ou pensar.

Agora, apenas imagine que você sai desse corpo e pula em um outro que, a nível celular, sabe definitivamente que é o mistério. Ele se parece com um corpo e faz tudo o que os corpos fazem, embora não seja realmente um corpo; com efeito, ele sabe que, na forma, é simplesmente o mistério. Assim, quando o mistério entra no corpo, é como se fosse manteiga encontrando manteiga. "Ah. Agora sim. Agora posso me mover." E você pode sentir o que seria estar nesse tipo de corpo, em um que sabe que é o mistério.

Para que esse corpo esteja totalmente entregue à sua verdadeira natureza, ele teria que ter entendido profunda e completamente que é o mistério, e todas as autoimagens teriam que ter desaparecido. Se existisse qualquer autoimagem remanescente, ela começaria a enrijecer. Assim que tivesse qualquer julgamento ou visse alguma coisa diferente de si mesmo, haveria rigidez, como se as articulações estivessem enferrujadas. Se estivesse preocupado com o amanhã, enrijeceria. Assim, para que esse corpo viva totalmente o mistério, conscientemente, sua programação pessoal tem que estar completamente dissolvida.

O corpo-mente não pode dissolver a programação porque acredita que ela é uma boa ideia, mas isso pode acontecer naturalmente à medida que o estado de ser enxerga de forma cada vez mais detalhada que a única coisa que realmente existe é si mesmo. É algo visceral. Consegue começar a senti-lo? Não há nada em que se apegar. Nenhum ponto de vista para sustentar. Nenhuma separação.

É por isso que sempre se diz que a verdade nos liberta. Mas o ser como um *todo* tem que compreender a verdade. Precisa *ser* a verdade, conscientemente. É isso que quero dizer sobre a limitação de arrancar as ervas e o fruto, substituindo um pensamento ou crença ilusória por outra, por uma "melhor". Se adicionar um pensamento auto-orientado, o mecanismo torna-se contraditório. E se estiver tentando fazer esse corpo se mover, ele não vai se movimentar muito bem. Não importa que ideias você insira. Algumas delas podem ajudá-lo a manobrar um pouco mais facilmente, já que alguns pensamentos, assim como algumas autoimagens, são menos contraditórios do que outros. Se reformular sua autoimagem para algo mais positivo, a energia pode mudar, mas não ficará livre de identificações; ela não vai dançar. O corpo só se liberta ao ver a verdadeira natureza que possui. Isso pode ser feito somente quando arrancamos as ervas daninhas pela raiz, e não quando as arrancamos pelas pontas. Isso significa despertar e descobrir o que você é eternamente em vez de tentar gerenciar suas neuroses.

A tendência natural de todas as coisas é se autoliberar. Essa é a boa notícia. Aquilo que retemos, seja o que for, é o que impede a realização plena. Então, quando parecer que você não está se autoliberando, é porque está se agarrando a algo estático, a ideias ou memórias. Podem ser de um grande momento vinte anos atrás, ou de um breve momento que aconteceu ontem. Se estiver se agarrando a uma identidade, ideia, opinião, julgamento, acusação, vitimização, culpa etc., isso atrapalhará a autoliberação. Você pode parar de reter essas histórias ao *desenquadrá-las*, e não ao reenquadrá-las.

Não há problema em reenquadrar, mas é tabu desenquadrar. Esse hábito de enquadrar experiências contando uma história para si mesmo é muito profundo, como se, ao colocar a experiência em um contexto melhor, isso ajudasse. Pode ajudar de formas pequenas às vezes, mas, no final, somente quando desenquadramos e desconstruímos totalmente nossas falsas visões é que despertamos do estado de sonho da separatividade.

O desconhecido, nossa verdadeira natureza, tem a capacidade de se autodespertar quando começamos a nos apaixonar por soltar todas as estruturas mentais que sustentamos. Contemple isto: não existe essa coisa de uma crença verdadeira.

O núcleo radiante

O inverno é uma época do ano interessante. No Hemisfério Norte, várias de nossas datas mais sagradas acontecem no inverno. É a estação das festividades espirituais como Ramadã, *Hanukkah* e Natal, e com frequência o dia da iluminação de Buda é celebrado nessa época do ano. O inverno é um portal sagrado, uma oportunidade. As folhas das árvores caem; os frutos caem ao chão; os galhos ficam desnudos e tudo retorna à sua natureza-raiz mais essencial. Não só no mundo exterior, mas também no mundo interior há um desnudamento natural.

O inverno é também o período de grandes chuvas e neve. A cada ano, as Montanhas Sierra diminuem um pouquinho em relação ao ano anterior. Parte delas é levada pelos riachos quando a água desce e retorna à sua fonte, fluindo para os lagos e oceanos.

Mesmo com as tempestades, o inverno é a estação mais serena do ano. Não há nada como a quietude depois de uma tempestade. Se você já teve o privilégio de estar nas montanhas logo após uma nevasca sem vento, quando nada se move, a neve absorve qualquer som e é possível ouvir um profundo silêncio em todas as partes, você sabe quão potente é esse silêncio.

Em um sentido real, a autoinvestigação é uma forma espiritualmente induzida do período de inverno. Não se trata de buscar uma resposta certa, mas sim de se desnudar e se permitir ver o que é desnecessário, do que se pode despir, do que você é sem sua folhagem. Nos seres humanos, não denominamos tais coisas de folhas. Nós as chamamos de ideias, conceitos, apegos e condicionamento. Tudo isso forma a sua identidade. Não seria terrível se as árvores lá de fora se identificassem por meio da folhagem que têm? São coisas muito frágeis para nos apegarmos.

Investigar é uma maneira de induzir um inverno espiritual em seu sentido mais positivo, desnudando tudo até chegar nas raízes, no âmago. Quando nos permitimos ser despidos e realmente entramos no inverno interior, em todas as folhas ou pensamentos que caem da mente, podemos nos perceber voltando a ser quem éramos antes do nascimento de nossos pais, como se diz no zen. Essa é uma volta para a raiz mais essencial do ser.

Creio não haver nada que nós, como seres humanos, resistamos mais do que a um inverno espiritual. Se os humanos não resistissem ao desnudamento de suas próprias identidades e se permitissem vivenciar o período invernal, todos nós seríamos iluminados. Quando simplesmente permitimos que a estação de inverno amanheça em nós, ocorre um desnudamento natural, mais como um desprendimento. Quando estamos serenos e silenciosos, esse desprendimento acontece naturalmente. Se não estamos tentando controlar alguma coisa, sentimos padrões de pensamento e propriedades energéticas se desprenderem de nós como as folhas ou a neve; é uma queda suave. Isso é a investigação espiritual. Perguntar "Quem eu sou?" é estar presente no espaço de não saber e questionar todas as suas crenças e suposições. A percepção da verdade eterna é alcançada às custas de todas as nossas ilusões.

Obviamente, os humanos têm habilidades que as árvores não têm. Se as árvores fossem como os humanos, nós as veríamos se curvando, usando os galhos para recolher todas as suas folhas e guardá-las em segurança. Você não se sentiria mal se as visse fazendo isso, guardando as folhas como se estivessem em uma crise existencial? Esta é nossa tendência: juntar partes de nossas crenças e teorias de estimação e segurá-las em nome de uma vida boa.

Às vezes essa *queda* se parece com uma forte tempestade que desnuda as árvores de suas folhas. Você pode ter uma identidade sagrada e o vento vir, soprar – normalmente outro ser humano – e essa identidade ser arrancada. Você pode estar pensando: "Eu sou tão iluminado, não posso suportar isso, é surpreendente". Então chega o vento e varre esse pensamento. Algum amigo ou colega de trabalho vai se aproximar e dizer, "Isso não me parece tão iluminado", e você percebe que era apenas outra identidade desnecessária. Se não se curvar para juntá-la, essa será uma oportunidade sagrada. Assim, à medida que ela cai, você verá que não precisa dessa identidade. É uma ilusão, só mais um peso morto a ser lançado ao mar.

Retornar ao núcleo, à raiz de seu próprio *self*, e ver através de tudo o que você considera ser permite que mesmo suas identidades mais sagradas desmoronem. Há tanta beleza em descobrir o que podemos fazer sem elas. A dádiva mais bela desse período invernal é, no final das contas, algo indizível; só pode ser vivenciado. O inverno está, na verdade, implorando para que você se liberte e, depois, que você se liberte de se libertar. Deixe que esse retorno natural e espontâneo à raiz de sua própria existência aconteça. Um retorno àquilo que não se define.

Existe um poema maravilhoso sobre uma árvore solitária e sem galhos à beira de um penhasco, no inverno, escrito por alguém descrevendo seu próprio despertar. Uma fenda se abre e percorre toda a casca da árvore, e então a casca se solta. Imagine partir uma árvore ou um pedaço de madeira para ver o que há em seu núcleo. Para ver o que há dentro, é preciso chegar ao núcleo. O que iria encontrar? Encontraria o vazio radiante, o radiante vazio pleno de inverno. Imagine algo radiante vindo do nada, algo simplesmente radiante, vindo do nada, absolutamente do nada.

Ao atingir o núcleo que surge após permitir que tudo desmorone, naturalmente você está totalmente aberto. Existe um coração espiritual nesse núcleo. Você descortina não apenas o vazio da mente radiante, mas também a radiância e o calor do coração espiritual. Ao descansar de verdade, é possível sentir, de fato, a mente radiante, vazia – não como um pensamento, mas como o vazio radiante de si mesmo, o estado de nada de si mesmo e de todos os *selves*. Também experiencia a plenitude do coração radiante e compreende que o vazio não é apenas um vazio afável – é coração pleno. Quando o vazio desperta, você sabe que é também o coração compassivo. O calor de seu próprio coração espiritual revive.

Às vezes, o inverno parece frio, solitário e distante. Talvez você se sinta muito sereno e relaxado, sentindo-se muito em paz, porém indagando: "Onde está o combustível? Onde está a vida?". Você pode estar bem sereno e silencioso, e, de certo modo, até bem vazio, e ainda estar com toda a casca intacta, sem ter rompido nem um pedacinho dela. Então, tem-se o que poderia ser chamado de o vazio do vazio. Essa é a forma totalmente protegida de vazio.

O verdadeiro vazio é quando se compreende que existe muito mais do que esse vazio protegido. Quando a casca se rompe e cai, quando se chega ao núcleo, as ideias sobre si mesmo e os outros são vistas como não verdadeiras, são percebidas apenas como invenções. Você as vê como coisas que lhe foram ensinadas e assimiladas, vestidas com roupas que dizem "Esse aqui sou eu". Quando a mente está radiantemente vazia, é um vazio muito vivo. E, ao sentir que o coração é mais profundo do que emocional – mas não desprovido de emoções, não um coração morto –, existe um brilho solar em pleno inverno. Você já caminhou em uma dessas manhãs geladas, realmente frias, ainda que ensolaradas, e se perguntou: "Como pode estar tão frio em um dia tão brilhante, tão ensolarado?". Quando se está emergindo do sol que existe dentro de si, esse calor existe sempre. O verdadeiro vazio é radiantemente vivo.

Às vezes as pessoas me perguntam: "Se compreendo que, como uma identidade separada, eu realmente não existo como imaginei que existisse, então quem vai viver esta vida?". Ao tocar esse coração radiante do vazio, você saberá o que está vivendo esta vida, o que sempre a viveu e o que vai vivê-la a partir deste momento. Você compreende que não está vivendo esta vida; é esse coração radiante que de fato a está vivendo – juntamente com essa mente radiante, vazia. Ao desistir de ser quem pensava ser e se permitir ser quem realmente é, então esse coração radiante vive sua vida. O estado de nada torna-se sua realidade e a consciência não dual é o que você é.

Uma ótima maneira de refletir e explicar a verdadeira natureza de cada pessoa – que é para o que todo o conceito de iluminação realmente aponta – é dizer que, quando a verdadeira natureza nasce para a consciência plena, sua mente está aberta no máximo de seu limite. Não significa que seus pensamentos se expandam até o cosmo; significa que sua mente está tão aberta que não tem limites. Você nota que assim que se agarra a um pensamento e acredita nele, a mente se fecha em torno dele. A mente natural é uma mente aberta, e o coração natural está aberto em qualquer situação. Esse é o choque de nossa condição natural – a mente e o coração estão naturalmente abertos e não sabem como se fechar em nenhuma circunstância, em nenhum momento. E simultaneamente você está além, mesmo da mente e coração abertos. Tudo está contido naquilo que você é.

A mente condicionada está sempre assumindo o trabalho de Deus, querendo saber o que as pessoas estão fazendo e por que o fazem. Mas isso não é da sua conta, nem faz parte de suas preocupações. Você pode simplesmente começar a caminhar pela vida com essa abertura natural para o que é e ser assim em quaisquer circunstâncias, a todo momento. É isso que o verdadeiro *Self* tem feito desde sempre. Quando sua verdadeira natureza é compreendida, não é como se você tivesse experiências surpreendentes e depois dissesse "Ok, mundo, aí vou eu". A experiência mais profunda é quando se compreende que essa mente aberta, radiante e vazia, e esse coração aberto e radiante sempre estiveram abertos. Eles não precisam se abrir; eles não vão se abrir; a abertura sempre esteve aqui. Você não vê mais dois, vê o Uno em e como todas as coisas.

As pessoas se sentem tão vulneráveis que erguem defesas. Mas erigir defesas é como caminhar em uma noite estrelada tentando enrolar o vasto espaço infinito com um pequeno agasalho. A vastidão simplesmente escapa pelas mangas e pela gola. Você veste esse casaquinho ridículo no vasto espaço e se protege dentro dele, achando que talvez um dia vá desabotoá-lo e ser liberado espiritualmente. Provavelmente não. É mais provável que em algum momento você pare de se identificar com esse ridículo casaquinho. Liberte-se de todas as identidades limitantes e abrace o infinito.

O que permite que essa abertura aconteça em um nível muito profundo é compreender que já somos a abertura para a qual estamos nos abrindo. Se continuamos a nos identificar com o aspecto humano de nós mesmos, pensamos "Meu Deus, vou me abrir para algo grandioso demais para mim". Quando realmente nos libertamos e caímos nesse silêncio aberto, não conseguimos encontrar um fim para isso. Ele esteve aí, eternamente, desde o início, e, nisso, nossa humanidade encontra o acolhimento para se abrir. É assim porque não estamos nos abrindo a um mistério que seja alienígena, estrangeiro ou diferente, mas para o que sempre fomos.

Se tocar a qualidade sagrada do inverno dentro de si – essa qualidade de todas as coisas retornando à sua forma mais essencial –, vai se perceber saindo dos limites da mente e indo em direção à abertura. Vai começar a experienciar isso ao não resistir ao período de inverno e simplesmente fluir com ele à medida que ele abre você. Pode ser tremendamente revelador, tremendamente libertador, simplesmente retornar, retornar, retornar. É preciso coragem para fazer isso. Você quer perguntar "Quem serei? Vai ficar tudo bem?". Mas só retorne ao essencial. Quando encontrar a coragem para se permitir retornar ao essencial, estará, na verdade, retornando à própria raiz de seu próprio *self*. Essa é a plenitude que o inverno tem a oferecer.

É como se você voltasse para a semente e somente lá visse que a semente continha toda a verdade. Ao atingir o núcleo de seu próprio ser, compreenderá que a semente, que parecia muito vazia quando aberta, está plena do potencial de tudo que existe. É como a semente de uma árvore; tudo no que a árvore vai se transformar está contido naquela semente. Somente do retorno completo é possível um tempo primaveril pleno.

O que falo não são ideais, metas ou potenciais. Essa abertura é, na verdade, o núcleo de quem todos são. Pare de esperar para se soltar de tudo e, assim, a sua verdadeira natureza será realizada. Quando ela se realizar, então viva-a. Ao vivê-la, a vida acontece espontaneamente. Então, pelo menos uma vez na vida poderemos dizer com honestidade e integridade que esse é o mistério mais surpreendente. É impenetrável. Não é possível conhecê-lo. Só é possível *sê-lo*, consciente ou inconscientemente. Mas sê-lo conscientemente é muitíssimo mais fácil do que sê-lo inconscientemente. Descubra-se e seja livre.

Silêncio

*As ondas da mente
exigem tanto do Silêncio.
Mas Ela não discute
não oferece respostas ou argumentos.
É a autora oculta de cada pensamento
de cada sentimento
de cada momento.*

Silêncio.

*Ela fala uma só palavra.
E esta palavra é a própria existência.
Nenhum nome dado a Ela
A toca
A captura.
Nenhum entendimento
pode abarcá-La.*

*A mente se lança ao Silêncio
exigindo ser acolhida.
Mas nenhuma mente pode penetrar
Sua escuridão radiante
Seu nada
puro e sorridente.*

*A mente se lança às
perguntas sagradas.
Mas o Silêncio permanece imóvel
ante à petulância.
Ela pede apenas pelo nada.*

Nada.

*Mas isso você não Lhe dará,
pois é a moeda derradeira
que está em seu bolso.
Prefere oferecer-lhe
suas demandas em vez de
suas mãos sagradas e vazias.*

* * *

*Tudo salta em celebração ao mistério,
mas só o nada entra na fonte sagrada,
na substância silenciosa.
Só o nada é tocado e torna-se sagrado,
percebe a própria divindade,
percebe o que é
sem o auxílio de um único pensamento.
O Silêncio é meu segredo.
Não oculto.
Não oculto.*

— Adyashanti

O verdadeiro silêncio tem tudo a ver com nosso estado de consciência. Creio que estamos todos familiarizados com o que chamo de silêncio manufaturado, que é uma espécie de silêncio morto. Se você já participou de grupos de meditação, provavelmente experimentou um silêncio manufaturado. É o tipo de silêncio que advém da manipulação da mente. É um falso silêncio, porque é manufaturado, controlado. O silêncio real não tem nada a ver com qualquer tipo de controle ou manipulação de si mesmo ou de sua experiência. Por isso, esqueça o controle da mente. Estou aqui para falar sobre iluminação espiritual e liberdade.

Estamos rodeados pela consciência bruta. Esse tipo de consciência é pesado, ardiloso e denso. Ao ligar a TV, você encontra a consciência tosca, grosseira, em sua maioria. A maioria dos filmes a que assiste tem uma consciência bruta. Bruta significa adormecida no estado de sonho.

A partir desse estado bruto de consciência, o silêncio é visto como um objeto. O silêncio é algo que parece acontecer com você. Mas esse não é o silêncio real. O silêncio real é sua verdadeira natureza. Dizer "Estou em silêncio" é, na verdade, bem ridículo. Quando você atenta pra isso, não significa que esteja em silêncio, mas que você *é silêncio*. Conceitualmente, pode parecer que há uma diferença pequena entre as experiências de "Estou em silêncio" e "Sou silêncio", mas essa é, na verdade, a diferença entre servidão e liberdade, céu e inferno.

Pare de pensar no silêncio como ausência de barulho – barulho mental, emocional ou o barulho externo a seu redor. Enquanto vir o silêncio como algo objetivo, como algo que não é você, mas que pode chegar até você como uma experiência emocional, estará perseguindo sua própria ideia projetada. Buscar o silêncio é como estar numa corrida de motocicletas ao redor de um lago procurando um local suave onde tudo é silencioso, e lá está você – *vrooom*! *vrooom*! – correndo ao redor do lago com uma ansiedade crescente porque nunca vai chegar lá. Não importa por quanto tempo corra ao redor desse lago, jamais encontrará tal silêncio. Na verdade, tudo que tem a fazer é desacelerar e desligar a chave, e assim chegará lá. Então, isso é muito tranquilo, muito sereno. Quando você passa a ser receptivo e tolerante, começa a voltar para seu estado natural, que é muito sereno. Estar receptivo é como desacelerar. É um estado natural de serenidade.

Há vários anos, tive a grande sorte de fazer essa descoberta, não por ser inteligente, mas devido a um fracasso absoluto. Estudantes do zen meditam muito e seguem a respiração. Parece algo bem concentrado, mas o que acontece com frequência é que você pensa que está seguindo sua respiração e, quando percebe, está pensando em alguma história. É como tentar disciplinar um cachorro que se recusa a ser treinado. Algumas pessoas parecem ser boas nesse tipo de prática. Elas mantêm o foco, sustentam-no e silenciam-se. Eu, por outro lado, nunca tive a capacidade de manter minha mente desta forma, não era bom nisso. Depois de falhar completamente repetidas vezes, ouvi meu professor dizer: "Você tem que encontrar seu próprio jeito". Em vez de me fechar em um foco restrito, descobri que meu próprio jeito era simplesmente estar presente, estar totalmente aberto. Isso tem mais a ver com ouvir do que com focar.

Naquele ouvir, descobri um estado muito natural, um estado que é, na verdade, o único que não é forçado. A partir dele, que é como ouvir, comecei a ver que cada esforço para inventar criava outro estado. Com um pouco de esforço, um estado era manufaturado a partir do ar rarefeito. Conseguia manufaturar belos estados, estados terríveis, estados concentrados e todo tipo de estados; mas havia apenas um único estado que era totalmente natural e absolutamente sem esforço. Naquele estado, encontrei acesso ao *Self* mais profundo, que é liberdade.

Por sua própria natureza, esse estado tem que ser algo que não demande esforço. Tem que ser algo que não exija manutenção. Uma mente silenciosa, conquistada por meio da concentração, acaba sendo uma mente embotada, não uma mente livre. Pode parecer silenciosa, e essa quietude pode parecer agradável, mas não é uma mente livre, e em seu ser você também não se sente livre. Esse é o tipo de paz mental que se obtém ao aprender a meditar através da concentração, e você diz ao seu professor: "Sim, encontrei paz, mas, quando paro de meditar, tudo volta ao ponto de destruição total". Isso comunica para o professor exatamente o tipo de meditação que você está tendo: está controlando sua experiência. Ao levantar-se e continuar o seu dia, tendo que prestar atenção em outras coisas, você não consegue prestar atenção à sua concentração, e por isso sua paz mental desaparece, porque é manufaturada.

Metade da prática de investigação espiritual é levá-lo ao silêncio instantaneamente. Ao perguntar "Quem sou eu?", se for honesto, vai notar que isso o leva de volta ao silêncio, de imediato. O cérebro não tem a resposta, então, de repente, há silêncio. A pergunta acaba levando-o àquele estado de silêncio que não é manufaturado, onde pensar ou buscar a experiência emocional correta falha. Se procurar "Quem sou eu?" ou perguntar "O que é a verdade?", vai notar que essas indagações o trazem de volta à quietude imediatamente. Se você tiver uma resistência à quietude, e a maioria das pessoas têm uma resistência profunda à quietude, então o retorno a esse estado sereno será como salpicar gotas de água em uma frigideira quente: a mente pulará para todos os lados procurando por alguma outra coisa, uma resposta ou imagem conceitual.

O tipo de quietude que é natural, espontânea e não controlada é, na verdade, uma serenidade amorosa; é rica e vasta. A quietude controlada é dormente e restrita. Quando a quietude não é controlada, você se sente muito aberto, torna-se receptivo, e a mente não se impõe. Existe um retorno natural à sua verdadeira natureza. A sua verdadeira natureza não é serena; é serenidade. Poderia também ser chamada de estado de ninguém ou de nada. Ao entrar na quietude verdadeira, você transcende a quietude.

Enquanto pensar na quietude em oposição ao barulho, não estará pensando na quietude verdadeira. Quando se pensa na quietude verdadeira, compreende-se que, ao ouvir uma britadeira, isto é a quietude – ela só tomou forma. A verdadeira quietude é absolutamente inclusiva. Vai além de todas as ideias dualísticas do que é quietude. Quando entramos na quietude, descobrimos que a imobilidade não é separada do impulso ou do movimento. Depois de meditar, se você se levanta e continua o seu dia pensando "Por que não consigo manter aquela quietude maravilhosa?", significa que experienciou a quietude controlada, não a quietude natural e não controlada. À medida que você relaxa de volta na verdadeira quietude e seu corpo se levanta para se movimentar, a própria quietude entrará em movimento.

Ao se permitir retornar à sua verdadeira natureza, você não está querendo que algo específico aconteça na quietude. Várias vezes, quando as pessoas estão em silêncio, elas esperam que algo aconteça, o que, por si só, as mantém na periferia, com a cabeça fora d'água, em vez de realmente se soltarem. Quando não se está esperando que algo aconteça, existe um afundar e um aprofundamento naturais na fonte do próprio ser. É bem suave, e então, e só então, você começa a sentir a presença. Existe uma presença muito palpável nessa quietude. É por isso que disse que não se trata de uma quietude morta. É possível sentir a vivacidade dela. É uma presença que está dentro e fora de seu corpo. Ela permeia tudo. Ao procurá-la, você está buscando uma presença tosca, uma presença pesada que vá acertar sua cabeça. Isso não vai acontecer. A verdadeira quietude é um brilho. Você se sente brilhante. Existe um estado desperto, uma sensação profunda de estar vivo.

Ao aquietar-se, você se permite relaxar no momento, em sua verdadeira natureza. Quando isso acontece, você compreende que não pode evitar nenhuma parte da própria experiência. Se estiver procurando por quietude para ajudá-lo a evitar certos sentimentos, então não vai experienciar a real quietude. A nudez da quietude ou da presença o desarma para que você não evite nenhuma experiência, nenhum evento, nada. Você pode até evitar coisas vivenciando uma espécie de quietude dormente, mas, dentro da quietude de sua verdadeira natureza, não é possível evitar nenhuma parte da experiência. Estará tudo ali, aguardando.

Há várias histórias ou mitos espirituais criados, e continuamente perpetuados, que retratam esse retorno à nossa verdadeira natureza como um campo de batalha, como se houvesse algo em você que não quer retornar a si mesmo. Quer seja chamado de ego, de *eu* ou de mente que não quer se aquietar, pessoas espirituais podem acabar *comprando* o mito de que há algo nelas que não quer despertar e de que é preciso certo esforço. Ao se aquietar efetivamente, é possível ver que isso é uma grande tolice. É possível ver que o pensamento surgiu na mente a partir do vazio, e somente se aceitar o mito como verdade é que pode ocorrer uma batalha. Mas você vê claramente que isso não é verdade: é apenas o aparecimento espontâneo do pensamento. Tal coisa não se torna verdade a menos que você acredite nela e a traga para a história do esforço do buscador espiritual heroico. Assim que você se envolve no conflito do buscador, já perdeu a guerra.

Você verá, a partir do silêncio, que toda maneira de a mente se mover é apenas um movimento do pensamento que não tem realidade para ele e só se torna real se você acreditar. Os pensamentos estão só passando pela consciência. Eles não têm poder. Nenhuma coisa tem realidade até você alcançá-la, apossar-se dela e, de alguma forma, impregná-la com o poder da crença.

A única maneira de penetrar o silêncio é com base em seus próprios termos. Não se pode adentrá-lo com alguma coisa, apenas sem nada. Você não pode ser alguém, apenas ninguém. Então a entrada é fácil. Mas esse nada é, na verdade, o preço mais alto que pagamos. É a nossa mercadoria mais sagrada. Vamos entregar nossas ideias, crenças, coração, corpo, mente e alma. A última coisa que vamos entregar é o nada. Agarramo-nos ao nosso estado de nada porque é nossa mercadoria mais sagrada e, em algum ponto dentro de nós, sabemos disso. Somente o nada entra no silêncio; é a única coisa que o adentra. O restante do que somos simplesmente bate na porta inexistente. Assim que queremos algo do silêncio, somos removidos dele novamente.

O silêncio se autorrevela somente para si mesmo. Somente quando entramos como nada e permanecemos como nada é que o silêncio abre seu segredo. Seu segredo é ele próprio. É por isso que digo que todas as palavras, todos os livros, todos os ensinamentos e todos os professores só podem conduzi-lo até a porta, e talvez incitá-lo a entrar. Uma vez lá, você começa a sentir a presença do silêncio muito profundamente. Quando isso acontece, surge, do nada, algo que está disposto a entrar sem ser alguém. Esse é o convite sagrado. Lá dentro, você descobre que o silêncio é o derradeiro e absoluto professor e o derradeiro e absoluto ensinamento. É o único professor que não conversará com você. O silêncio é o único professor e ensinamento que mantém nossa humanidade de joelhos constantemente. Com qualquer outro ensinamento ou professor, descobrimos que não conseguimos levantar. Podemos pensar, "Ah, ouvi Adya dizer blá-blá-blá, e isso soa bem" e percebemos que nos erguemos do chão da entrega. Viramos as costas para nossa humildade mais sagrada e bela.

O silêncio é o derradeiro e melhor professor, pois no silêncio está o infinito acolhimento para fazer aquilo que nosso coração humano verdadeiramente deseja, que é estar sempre com nossos joelhos no chão, sempre estar nessa espécie de devoção à Verdade. O silêncio é o único ensinamento e o único professor que existe infinitamente. Em cada minuto que estiver desperto, em cada instante que estiver vivo, em cada momento que respirar, ele estará bem aí.

Consciência

Quando a consciência ou espírito decide se manifestar como um objeto – uma árvore, uma rocha, um esquilo ou um carro –, não é muito problemático. No entanto, quando ela se manifesta e se esforça para se tornar autoconsciente, parece ser algo bem ardiloso. Estou me referindo à vida humana, quando a consciência ou espírito se manifesta como um ser humano. Nesse processo, a consciência quase sempre se perde. Os seres humanos são autoconscientes por natureza, mas parece que o preço pago para que a consciência se torne autoconsciente é quase sempre a perda da verdadeira identidade.

A consciência se manifesta – o que não é um problema –, mas tenta se tornar autoconsciente. Nesse processo, quase sempre comete o que chamaríamos de um erro. Não é tanto um erro, mas um *blip*, um pontinho na evolução de tornar-se verdadeiramente autoconsciente. Nesse ponto, a consciência se perde naquilo que cria e se identifica com tal criação. Esse *blip* é chamado de condição humana.

Quando a consciência se esquece de si mesma, ela pode cometer todos os tipos de equívocos. O primeiro equívoco que quase sempre comete é se identificar com o que criou – nesse caso, um ser humano. É como uma onda esquecendo que pertence ao oceano. Ela se esquece de sua fonte. Assim, em vez de ser todo o oceano, ela sofre sob a terrível ilusão de ser apenas uma onda na superfície do oceano. Isso gera na consciência uma experiência muito rasa de si mesma. Obviamente, ela ainda está consciente de si, mas consciente de algo que é incrivelmente superficial e limitado. Quando tudo com o que se identifica é uma onda muito pequena, cria-se todo tipo de confusão, pois tal identidade não é verdadeira. Qualquer coisa que não seja verdadeira leva naturalmente ao sofrimento, e a única razão de existir sofrimento ou conflito é a ignorância. A identidade, em seu início, é um equívoco muito inocente. Ela se inicia incrivelmente inocente, mas, como tantas coisas que começam de tal forma, ao longo da trajetória as consequências não parecem tão inocentes.

Isso é uma parte natural da condição humana. Parece ser parte do desenvolvimento evolucionário que a consciência está experienciando através de um ser humano. Por exemplo, sabemos que nascemos, passamos pelos estágios da infância e adolescência e depois, assim esperamos, saímos do estágio de adolescência, o que é questionável, e passamos a ser adultos. Você poderia olhar para trás e dizer: "Nossa, eu era mesmo um bobo quando tinha 10 anos, e ainda mais tolo quando tinha 17. E então, de algum modo, em algum ponto entre 25 e 45 anos, acho que fiquei mais esperto". Você poderia olhar para trás e ver todas essas primeiras fases do desenvolvimento como equívocos, como algo que não deveria ter sido, mas seria uma interpretação errônea dos fatos. É simplesmente uma parte natural do amadurecimento.

Espiritualmente, a condição humana é parte natural da evolução da consciência tentando tornar-se consciente através de uma forma. Ela considera a si mesma como sendo forma, e não como a fonte da forma. Ao fazer essa identificação errônea, sofre sob a tremenda ilusão da separação. Daí surge o isolamento que a maioria dos seres humanos sentem no coração, não importa quantas pessoas estejam ao seu redor, não importa quanto são amados. Eles só podem se sentir sós, pois estão certos de que são diferentes e separados de todos os outros.

Felizmente, essa é apenas um *blip* no desenvolvimento da consciência. A condição humana, em todos esses éons, desde seu aparecimento, é realmente apenas um *blip*. Quando uma pessoa desperta desse ponto – o que significa que a consciência evoluiu por meio de uma forma humana –, a condição humana evoluiu tanto que a pessoa amadurece para além do ponto de separação; bem parecido com o amadurecimento de uma criança ao adulto. Chamamos tal pessoa de um ser humano liberado.

Liberado de quê? A consciência é liberada do equívoco, da falsa identificação e da separação. Consciência, ou espírito, é bem astuta e sábia. Tem muito a seu dispor como ser humano. Nas formas humanas sem percepção consciente, a evolução não pode acelerar ou desacelerar; vai mover-se na sua própria velocidade. No entanto, quando a consciência se torna consciente de si mesma em um ser humano, ela estabelece uma dinâmica muito interessante que não está disponível a nenhuma outra forma de vida planetária. A dinâmica é que, quando a consciência desperta da ilusão de existir enquanto um ser separado, ela pode, então, usar essa forma para se autodespertar em um sentido muito mais amplo. Ao despertar para o fato de que ela realmente não é uma onda, mas o oceano de ser, ela poderá usar essa onda para enviar a mensagem – para que outras ondas contemplem a possibilidade de despertar.

Nos seres humanos, essa evolução pode ser incrivelmente acelerada devido à conspiração em que a consciência entra. Ao despertar em uma forma, ela não precisa esperar que uma maturação natural aconteça em outras formas. Quando essa forma se relaciona com outra forma, a consciência que está desperta relaciona-se com a consciência que está adormecida. Com isso, é muito mais provável que a consciência adormecida dê esse grande salto de despertar. Esse é o jogo que a consciência joga no *satsang*. É disso que se trata.

* * *

ALUNO: Estou num lugar difícil desde o último retiro. Estou olhando para muitas emoções dolorosas que suprimi por vários anos, e elas não são agradáveis. Eu as tenho testemunhado, aprendido sobre elas e as queimado. Isso não é agradável.

ADYASHANTI: Não é o que você esperava, é?

ALUNO: Não. Fiz o que você sugeriu; encontrei aquela parte em mim que sabe que está tudo bem, em absoluto. E mergulhei nela totalmente. Encontrei uma sensação tremenda de poder e um sentimento de que tudo está bem de verdade misturados a essas horríveis emoções de raiva e pesar, que ainda estão emergindo.

Mas agora que estou num lugar melhor, notei que estou meio fora de sintonia. É como ser um adolescente desengonçado, como um garoto cuja voz está mudando – algumas vezes é de um jeito, algumas de outro. No passado eu não precisava de relógio. Não importava se estava adiantado ou atrasado; sempre chegava no momento exato para que tudo fosse perfeito. E se surgisse uma situação, sempre entendia instantaneamente por que ela estava vindo à tona, o que eu deveria fazer naquela situação e como ela poderia beneficiar todos da melhor maneira; conseguia enxergar a situação por inteiro.

Mas toda essa sincronicidade não está mais presente agora, mesmo que a energia, os sentimentos positivos e a confiança ainda estejam. Se estamos em um lugar melhor e ele se deteriora por um tempo, é doloroso porque sabemos como ele pode ser, embora não esteja desse jeito. Tem algum conselho para alguém que está passando pela fase desajeitada da corporificação?

ADYASHANTI: Primeiramente, é importante ter um entendimento claro do contexto. Podemos chegar a um lugar de uma realização muito profunda que é maravilhoso e libertador, mas o erro que normalmente cometemos é que mais adiante, quando a sincronicidade ou alguma outra experiência maravilhosa não acontece, pensamos ter perdido algo. Na verdade, essa é uma interpretação específica que raramente é examinada.

O que de fato acontece é similar à experiência humana de passar por estágios de desenvolvimento. Você se lembra da experiência de ir se aproximando da adolescência, quando tinha uns 12 anos e ainda não tinha chegado lá, mas a infância tinha ficado para trás? Aquilo que na infância parecia tão maravilhoso já não estava mais disponível. As coisas que eram legais já não eram mais tão legais, e as novas formas de desfrutar a vida não são muito óbvias. É estranho e cometemos erros, se é que podemos chamá-los assim. É possível olhar retrospectivamente para aquela época com um entendimento bem claro. Não é que você tenha caído para fora da infância; você foi crescendo para além dela. E à medida que crescia além dela, você a abandonava. Foi desconfortável porque era como você sabia viver a vida. No entanto, ainda não tinha chegado à adolescência plena. O mesmo acontece quando nos movemos da adolescência para a fase adulta. Pode ser desconfortável, mas não há erros. Retrospectivamente, podemos enxergar essas fases como estágios de desenvolvimento. Você cresceu para além da infância e adolescência, e não caiu para fora delas.

Espiritualmente, você pode ter chegado a lugares maravilhosos, mas se eles não estão concluídos e não são absolutamente verdadeiros, então, no final, você vai crescer para além deles. Não é agradável abandoná-los porque é onde você se sente confortável, e o novo ainda não foi revelado. Então, a conclusão equivocada a que se chega é que você caiu para fora desses lugares, e não que alcançou o limite, a compreensão do que tinha anteriormente, não importa quão maravilhoso tenha sido. Ao amadurecer, é hora de deixar os estágios anteriores para trás. Fica muito mais difícil abandonar se acreditamos que *caímos* para fora deles, em vez de pensarmos que amadurecemos para além deles. Essas são interpretações completamente diferentes. Com uma, você está tentando se agarrar ou retornar ao que existia anteriormente. Com a outra, você olha para trás, sobre os ombros, e dá adeus a uma experiência agradável, compreendendo que algo mais maduro está chegando.

Esse é o contexto que, creio, vai ajudar, pois você vê quão vital é a interpretação que imprime à sua experiência e vê que a mente é condicionada a dar interpretações que normalmente não estão corretas. Uma interpretação incorreta, na verdade, cria mais sofrimento e muitas vezes dificulta ainda mais do que deveria. Se você souber disso, vai parar de se agarrar ao que tinha e ficou para trás e vai se interessar mais pelo desconhecido para o qual se encaminha. Vai focar inteiramente o que vem pela frente. Essa é a melhor coisa que você pode fazer, nada a não ser isso.

ALUNO: Achei que estivesse fazendo isso, até que cheguei a um lugar onde olhei para tantas emoções negativas que me deparei com uma espécie de teto. É muito difícil continuar olhando para a frente quando passamos vários meses nisso.

ADYASHANTI: Mas isso não é olhar para a frente. Isso não é necessariamente o que estou dizendo. O que acontece com a maioria das pessoas é que, quando algo negativo emerge na experiência delas, toda a percepção consciente se concentra naquilo, como um raio laser. Digamos que esteja deprimido. Para a maioria das pessoas, toda a percepção consciente vai exatamente para esse aspecto, e, de repente, o que era parte de uma experiência muito vasta de várias, várias coisas é agora um problema porque você está focado nisso, parece ser a única parte significativa de sua experiência. Isso acontece somente porque a mente escolheu se focar nisso, transformando na única coisa que está acontecendo, mesmo que seja uma experiência entre muitas.

ALUNO: Vejo que os sentimentos negativos são um aspecto muito pequeno de mim, mas é também muito claro que eu não conseguia vê-los antes. Eles vieram à tona, foram analisados antes de estar conscientes e, então, entraram numa espécie de limbo. Mas não estavam mortos. Apenas estavam lá. Suprimidos.

Então a consciência começou a notá-los antes que pudessem ser enterrados. Isso se tornou uma nova lição: ser capaz de reconhecer tais coisas antes de serem julgadas, antes de se tornarem inconsciente. Se essa é a lição, como posso permitir que os sentimentos difíceis emerjam sem me prender a eles?

ADYASHANTI: Bem, é como se pintássemos pontos negros em uma parede. Os pontos têm cerca de 2,5 centímetros e estão a uma distância de 10 centímetros uns dos outros, e toda a parede está coberta por eles. Ao entrar na sala, a primeira coisa que normalmente veríamos seriam todos os pontos, certo? "Meu Deus, esta parede tem tantos pontos! São só pontos!" Mas, de fato, ela não está toda coberta de pontos.

Há muito mais na parede branca do que os pontos. Mesmo que os reduzíssemos bastante, quase do tamanho de uma cabeça de alfinete, ainda iríamos notá-los e pensaríamos que a parede estava cheia de pontos. Mas na verdade há muito mais espaço do que ponto. Os pontos estão apenas onde está a percepção.

Quando o despertar começa a despontar, todo material reprimido começa a emergir, e a tendência é que a percepção consciente se contraia ao redor dele. Obviamente, parece terrível quando a percepção consciente faz isso, em vez de apenas descansar e ver tudo como um todo. Claro, tem muito material emergindo, e, agora que você está consciente dele, pode deixá-lo vir à tona. Isso não significa que precisa se contrair com cada questão que emerja. É mais parecido com olhar a parede com os pontos e simplesmente deixar sua percepção consciente incluir a parede toda, estando ciente de que existe mais espaço do que pontos. Não ignore os pontos, mas também não ignore o pano de fundo.

ALUNO: Imagino ser preciso ter confiança no fato de que, se não focarmos as coisas negativas, elas vão permanecer reprimidas. É preciso confiar que isso pode ser automático.

ADYASHANTI: É verdade. É preciso entrar num conluio para reprimi-las. É o que sempre acontece. Elas são empurradas para baixo. Mas agora você as vê emergindo conscientemente, certo? Tudo que precisa fazer é notá-las. "Ah, elas estão vindo à tona conscientemente." Isso significa que você não as está reprimindo.

ALUNO: Não preciso esperar até que se dissolvam. Não preciso observá-las enquanto se dissolvem. Posso notá-las e então prestar atenção em outras coisas – deixar que façam o que tiverem de fazer.

ADYASHANTI: Exatamente. Então tudo vai se harmonizar novamente. Mas o que normalmente fazemos quando o material suprimido vem à tona é manipulá-lo, manuseá-lo, ou pelo menos olhar para ele através de um microscópio.

ALUNO: Certifique-se de observá-lo até que ele se vá.

ADYASHANTI: Exato. Como presumimos que ele não deveria estar aí, vamos vigiá-lo até que ele se vá para sentir-nos seguros e relaxados.

ALUNO: Imagino que a suposição fosse a de que, se eu não observasse os sentimentos negativos, eles continuariam a fazer o que faziam antes. Agora sei, definitivamente, que essa não é a forma de se continuar vivendo. Ao notá-los, posso simplesmente soltá-los.

ADYASHANTI: Sim, é importante ver que esse material reprimido emerge da consciência, e é para ela que retorna. Tudo isso é impermanente. É um evento completamente impessoal – essa é a beleza disso. Ao saber que é consciência, então não há repressão, não há apego. É como se você fosse o céu. Você nem afasta as nuvens nem as segura para impedir que elas se vão. Inerente e completamente, o céu não é afetado, mesmo se vier uma tempestade e raios o cortarem e for um inferno na terra. Não importa muito, desde que o céu se lembre de que é o céu.

É muito fácil equivocar-se inocentemente. É como estar no cinema assistindo a um filme e, de repente, os personagens ganharem vida e o convidarem a entrar no filme, e você os seguir. Parece que tudo que acontece no filme tem a ver consigo, e você está certo de ser o personagem do filme. Então, por alguma razão misteriosa, você acorda e de repente compreende: "Ah, estou aqui no cinema comendo pipoca e tomando refrigerante, e todo o tempo que passei pensando que estivesse no filme foi um equívoco. Estou assistindo ao filme. Pensei que ele fosse real, mas não é". É similar ao que a consciência *faz*. Ela projeta essa coisa chamada ser humano e se apaixona de tal forma por sua criação que se perde nela.

ALUNO: No lugar em que estou, sei com toda a certeza que estou assistindo ao filme e que estarei perdido se não ficar sentado na poltrona. De repente, tudo ao meu redor me faz crer que estou no filme. Sei que estou sentado na poltrona, mas todos os meus sentidos estão em conflito com esse conhecimento.

ADYASHANTI: Isso é parte do processo de amadurecimento de aprender que seus sentidos – o que você pensa e sente – não são indicadores do que você é.

ALUNO: Não são confiáveis.

ADYASHANTI: O que quer que pense ou sinta sobre si não tem absolutamente nada a ver com você. Então simplesmente continue sendo quem é – nada. Deixe que seu material reprimido venha à tona, e permaneça consciente durante o processo. Não entre em um estado de transe ou de inconsciência. Nem entre, também, na análise; permita simplesmente que o que quiser emergir venha à tona. Questione todas as suposições, todas as interpretações, todas as velhas histórias. Não reprima nem seja indulgente – apenas fique tranquilo, investigue e permaneça consciente.

Parte de não cair na ilusão é desistir de tomar como referência nossa forma de pensar e sentir. Grande parte da sabedoria é não tomar pensamentos e sentimentos positivos como referência. Estamos mais do que dispostos a nos livrarmos dos negativos. Mas quando nos deparamos com a bem-aventurança, a alegria e a liberação da verdadeira revelação e com todas as emoções que consideramos espirituais, dizemos a nós mesmos: "Isto sou eu. Como sei que sou eu? Devo ser eu porque me sinto muito bem. Sinto-me bem-aventurado, em êxtase e alegre. É assim que sei quem sou, o que sou e que estou seguro". Mas você ainda está acreditando na percepção sensorial. Se acreditar nas percepções sensoriais para dizer-lhe quem você é, é só uma questão de tempo até que os sentidos mostrem a outra face, que é o lado negativo, e você dirá: "Ah, meu Deus, estou preso na armadilha".

Parte do amadurecimento é compreender que você não desiste apenas das percepções negativas; também abre mão das positivas. Desiste de toda a estrutura que costumava lhe dizer quem e o que você é. Então compreende que o corpo-mente experiencia o que for, e você é o espaço consciente para que ele tenha todas as experiências. E não importa, de verdade, qual seja. Só que quanto mais você fizer isso, mais o corpo-mente tende a refletir essa sabedoria sentindo-se realmente bem. Mas mesmo quando parece ser muito bom e jubiloso, você ainda pode cair na sedução de se identificar com essas emoções boas. Assim que for seduzido e pensar que essas emoções dizem algo a seu respeito, é só uma questão de tempo até que caia novamente na separação.

A mente quer ancorar, fixar, segurar um conceito, mas a única forma de ser realmente livre é não se fixando. Isso é parte do verdadeiro amadurecimento, e é uma das coisas mais difíceis para as pessoas espirituais que tiveram revelações verdadeiras e profundas – aceitar o grau de entrega necessário para literalmente soltar toda experiência e toda autorreferência. Mesmo nas grandes revelações, existe quase sempre algo que quer reivindicar: "Eu sou isto". Sempre que reivindica "Eu sou isto", você está simplesmente reivindicando outra percepção sensorial, outro pensamento, emoção ou sentimento.

No final, quando se passa várias vezes por isso, a mente entende tal coisa no nível mais profundo e solta completamente. Quando a mente solta, você sempre sabe quem e o que é, mesmo que não possa definir ou descrever, ou mesmo pensar a respeito. Você simplesmente sabe sendo. Essa é a liberação derradeira de identidade e separatividade.

* * *

ALUNO: Você está falando de liberar a parte pessoal, mas parece que isso também é relevante para a meditação. O que acontece quando medito é que vou para um lugar onde estou desperto, mas não estou notando nada, e imediatamente me pergunto "O que estou notando?". Então minha mente começa a girar. Para mim é bom saber que não ter quaisquer pensamentos é o lugar para permanecer o máximo possível.

ADYASHANTI: Você nem precisa tentar permanecer lá porque, na verdade, é onde você sempre esteve. Você pode ou não compreender isso, mas bem agora está desperto. Está simplesmente tão desperto quanto em profunda meditação. Esse estado desperto ou consciência está simplesmente tão consciente da minha voz falando agora como de qualquer outra coisa. É um estado completo, inteiro, e nunca será mais do que já é. Já está aí. É por isso que todos os verdadeiros professores espirituais sempre disseram que você já está iluminado; você apenas não sabe disso.

Então a pergunta passa a ser: "Como saber?". É preciso começar a questionar profundamente todas as suposições sobre si mesmo. Temos tantas suposições sobre quem e o que somos, mas quando as questionamos, elas se esfarelam rapidamente.

Então chegamos a um lugar onde não sabemos quem somos. E finalmente temos certeza de que não sabemos quem somos. Você passa a ver que cada forma de se autodefinir é simplesmente um conceito e, portanto, uma mentira. A mente simplesmente para porque não tem mais para onde ir. O parar, é claro, não pode ser praticado, pois qualquer prática é apenas uma farsa. Esse parar acontece como resultado de *insight*, sabedoria, entendimento, e de nada mais. Não é uma técnica. É por isso que é o caminho da sabedoria. Quando a mente entende sua própria limitação, ela para, e isso é muito natural. A mente só continua trabalhando para se autoencontrar quando sofre sob a ilusão de que pode encontrar a si mesma. Ao compreender que não pode se encontrar, ela para, pois sabe que não há nada a fazer.

Quando digo que a mente para, não quero necessariamente dizer que nenhum pensamento passa por sua cabeça. Não é isso o que significa parar a mente. Ela parou de interpretar a realidade. Então você fica com a realidade crua, sem nenhuma distorção. Essa é a experiência de liberdade profunda, libertadora. É o alívio de um grande fardo. Seus pensamentos não têm que parar de passar por sua cabeça. Nada tem que mudar, em absoluto. Tudo que a mente tem a fazer é olhar e ficar bem curiosa sobre "O que realmente eu sou?". A contemplação da pergunta irá conduzi-lo para além do pensamento, exatamente.

Se perguntar a si mesmo neste exato momento "Quem eu sou?", qual a primeira coisa que você sabe?

ALUNO: A primeira coisa que realmente sei? Sou a definição que sempre dei a mim mesmo.

ADYASHANTI: Isso significa que você realmente não sabe?

ALUNO: Sim.

ADYASHANTI: Então você sabe que não sabe. Essa é uma revelação incrível em si e de si mesma. E ela quase sempre se *perde* porque todos estão realmente certos de que sabem quem são. É possível que você tenha caminhado há cerca de cinco minutos sem realmente pensar a respeito, mas estando bem certo emocionalmente e agindo como se soubesse quem realmente é. É incrivelmente significativo quando um ser humano é capaz de investigar de verdade, em vez de tentar saber, falar sobre a verdade que não conhece. Essa é uma verdade enorme que é quase sempre varrida para debaixo do tapete. Quando você compreende "Eu não sei quem sou", toda a sua base em relação à vida, de repente, não está tão firme sob seus pés.

Ao chegar ao desconhecido, você não cometeu um erro. Você não deveria tentar saber, pois isso simplesmente o leva para a mente, a um *loop* sem fim. A verdadeira liberação está além da mente. Portanto, ao chegar a esse desconhecido, você está de fato no portal da própria liberação. Tudo que se tem a fazer é mergulhar no fato de que não sabe. Vivemos toda a nossa vida com bastante certeza, consciente ou inconscientemente, de que realmente sabemos – e essa é toda nossa experiência. Qual é a experiência de não saber? Como realmente é não saber?

ALUNO: Eu não sei, mas é ótimo pensar que não sei.

ADYASHANTI: Sim, você acabou de responder. É ótimo, não é? Se não estiver ouvindo sua mente que fica tagarelando, "Ah, não, eu preciso saber", e não entrar em pânico, se for diretamente para como se sente, vai ser muito bom, muito libertador desde o início. É um alívio tão grande não saber, pois o que você pensou que fosse era o que causava todos os problemas. Era o carregador de todos seus fardos. Agora tudo isso está sendo contestado: e se eu estivesse errado? Só o pensamento já é estimulante, não é?

ALUNO: Isso me faz querer chorar, é tão bom.

ADYASHANTI: Ótimo! Então vá exatamente nessa direção. Coloque sua atenção exatamente nisso – isso é tudo o que tem a fazer. "Como é não saber? Ah, é maravilhoso." Permita-se simplesmente mergulhar nisso. Você não chega ao saber sabendo: chega ao saber não sabendo. E de forma cada vez mais profunda, até que esteja em tal profundidade, a milhões de quilômetros daquilo que sabe, o que significa que está além da mente. Então, isso vai brilhar, e você saberá.

ALUNO: Eu poderia cair na armadilha de amar não saber.

ADYASHANTI: Ao simplesmente descansar no não saber, você sabe. É um paradoxo. Quanto mais descansar no não saber – o que significa jamais segurar com a mente –, mais sua experiência direta será a de saber. Vem como um lampejo. Em inúmeras vidas dançamos bem à porta da liberdade. Damos piruetas no tapetinho de entrada e quase nunca sabemos quem somos. Apenas um *click*, um ajuste no botão, e você sabe – isso é tudo. É tão fácil. Não é uma questão de ser difícil. É uma questão de as pessoas não saberem para onde ir. Assim que você sabe para onde vai e tem a coragem de ir, é fácil. Vá para o desconhecido, vivencie o desconhecido, seja o desconhecido. Todo verdadeiro conhecimento desperta a partir do desconhecido.

Profundidade

A espiritualidade pode ser abordada de duas maneiras. A primeira é a mais comum e se dá através de um movimento horizontal da mente. Movimento horizontal significa que a mente vai e volta coletando informações. É como se a mente se deparasse com um muro todo grafitado. Esse muro tem todos os tipos de ensinamentos, práticas, o que fazer e o que não fazer. Na maior parte das vezes, a mente só faz um movimento horizontal pelo muro, adquirindo e acumulando mais informações. Vai para a esquerda, depois para a direita, e coleta informações, crenças, teorias etc. Você já encontrou pessoas cujas mentes são assim? Elas percorreram todo o muro até seus alicerces – a mente rodopiando horizontalmente, coletando informação. É isso que a mente faz, e a maioria das pessoas faz esse movimento horizontal de coletar informações, ideias, crenças etc., na esperança de que isso vá ajudá-las espiritualmente. Mas a Verdade não é uma questão de conhecimento; é uma questão de despertar.

Fazemos a mesma coisa emocionalmente. Movimentamo-nos ao longo do muro coletando experiências. Temos experiências humanas básicas, mundanas, boas e más e, à medida que nos aventuramos na espiritualidade, começamos a ter experiências espirituais. Assim como a mente, começamos a pensar: "Se eu acumular experiências o suficiente, então isso vai ter algum significado. Vai me levar a algum lugar". Vai nos trazer mais experiências, e, assim como quando a mente faz os movimentos horizontais, ganhamos mais conhecimento – não liberdade, não a Verdade.

A mente, o corpo e as emoções jogam esse jogo chamado acumulação. Eles avaliam um conhecimento conceitual em relação a outro conhecimento conceitual. "Como podemos comparar esse conhecimento àquele? E como comparamos aquele a este?" Gostamos de comparar nossas experiências com a dos outros. "O que você vivenciou? Ah, não experienciei isto, mas vivenciei aquilo; você também?" "Acredito nisto. No que você acredita?"

O corpo emocional pergunta: "É isto? Esta é a experiência certa? Estou tendo a experiência? Por que não tenho *a* experiência?". O corpo-mente coleta mais coisas para fazer, mais técnicas, mais isto, mais aquilo.

A mente e o corpo tendem a seguir velhos padrões, fazendo movimentos horizontais, coletando fatos, ensinamentos, professores, crenças e experiências. Essa é a forma predominante pela qual a maioria das pessoas vive sua vida: horizontalmente, e não verticalmente. E elas trazem esse movimento para a vida espiritual. Mas não importa quão grande seja o acúmulo horizontal de conhecimento e experiência que alguém tenha; mais informação não se equipara a maior profundidade.

Agora, neste momento, você é capaz de compreender que não vai efetivamente obter nada de minhas palavras; o que for que sua mente absorva e acumule como conhecimento não vai lhe dar mais profundidade. Nenhuma. Zero. Vai lhe dar simplesmente mais movimento horizontal. Vai apenas lhe dar mais conhecimento. Talvez seja o que você quer, talvez não. Mas assim que você compreende a limitação da mente, ela se sente muito desarmada porque tem muito menos a fazer.

Existe um convite para além do muro de conhecimento que não é para algum estado regressivo anterior à capacidade de a mente operar, mas para um estado transcendente que está além de onde a mente pode ir. Isso é espiritualidade. Vai aonde a mente não pode ir.

Tente imaginar que você se depara com um muro. Existe uma porta nele. Você abre a porta e atravessa o muro. Para ir mais fundo, vai ter que abandonar o muro. Se retroceder e tocar o muro com uma de suas mãos e tentar mover seus pés, não irá muito longe. Quando quiser realmente ter profundidade, profundidade transcendente, vai ter que encarar soltar a mente ou não. O que a mente diz é: "Vou soltar um pouquinho, mas vou encher meu bolso com muito conhecimento para a jornada. Talvez eu precise de meus conceitos em algum lugar ao longo do caminho". Ela vai começar a fazer muitas perguntas. "Será que isso é seguro? Será que é sábio? Vou fazer papel de bobo?" Como se toda sabedoria estivesse contida na coleta de conhecimento. Mental e psicologicamente, as pessoas tendem a ficar muito inseguras quando abandonam completamente o próprio acúmulo de conhecimento.

A mente não consegue conceber que possa haver uma inteligência verdadeira, uma inteligência transcendente, que não seja produto e resultado do pensamento e da compreensão conceitual. Ela não consegue conceber que possa haver uma sabedoria que não chega até você na forma de pensamentos, na forma de conhecimento adquirido e acumulado.

O verdadeiro impulso ou anseio espiritual é sempre um convite a ir além da mente. É por isso que é sempre dito que se você for até Deus, vá desnudo ou não vá. É válido para todos. Você vai livre de seu conhecimento acumulado ou jamais será capaz de entrar. Uma mente inteligente percebe a própria limitação, e é uma coisa linda quando acontece.

Quando você para de se agarrar a todo conhecimento, começa a entrar em um estado diferente de ser. Começa a se mover para uma dimensão diferente. Move-se para uma dimensão onde a experiência interna fica muito serena. A mente ainda pode estar lá, tagarelando ao fundo, ou não, mas a consciência não se importa mais com a mente. Você não precisa pará-la. Sua consciência simplesmente passa por esse muro de conhecimento e se move para um estado muito tranquilo.

Nessa quietude, você compreende que não sabe nada simplesmente porque não está olhando em direção à mente, buscando seu conhecimento adquirido. Essa quietude é um mistério para a mente. É algo desconhecido. À medida que vai se aprofundando, você entra em uma experiência mais profunda do que parece ser um grande mistério. Agora, a mente pode retornar e querer saber o que está acontecendo e começar a definir tudo, mas isso não trará mais profundidade. O mistério só continua a se abrir para si mesmo se você deixar – se sair do controle.

À medida que o conhecimento é abandonado, o que se descobre é que você deixou para trás seu senso de *self* familiar. Esse *self* só existiu na acumulação de conhecimento e experiência. Algo muito interessante acontece quando você deixa tudo isso para trás, porque está literalmente abandonando a sua memória. Você abandona quem pensava ser, o que quer que pensou que seus pais fossem e tudo o mais em que pensava e em que acreditava. O ontem se foi. Então você começa a notar algo muito interessante: é possível deixar tudo aquilo para trás e ainda ser – você é aqui e exatamente agora. Assim, o que você é se torna ainda mais misterioso.

Ao compreender que pode abandonar autodefinição e ainda ser, começa a ver que esses pensamentos não devem ser o que você é. Em outras palavras, quem é você quando não está pensando em si como existência? Quem é você ao desistir de todos os pensamentos, mesmo daqueles que não deveria questionar, como, "sou um ser humano; sou uma mulher ou sou um homem; sou a filha ou o filho de alguém"? Você começa a ver que, quando não está pensando em si como existência, quem você considerava ser literalmente não existe mais. Se esse "você" pode desaparecer e reaparecer assim que você pensa em si como existência, quão real ele é?

No momento do reconhecimento, você já começou a se mover para além do muro de conhecimento acumulado. Portanto, se você não redefine este momento ou o enquadra em algum conceito, repensando-se como existência, seu verdadeiro estado de ser começa a se apresentar. O que você realmente é começa a despertar. O verdadeiro *eu sou* é tão incrivelmente vazio. É tão livre de tudo o que você pensou que fosse. Não tem limitações. Não tem definições. Qualquer definição seria um desserviço ao que você é. Tudo que resta é consciência, e não é nem mesmo isso, porque é apenas uma palavra.

Quando você vê quem realmente é, nenhum conceito se aplica mais. Você está tão vazio que só existe consciência. Não há criança interior, e também não existe adulto. Nenhuma de suas identidades existe até que você as manifeste ao pensar nelas. A consciência pode olhar para baixo e ver que existe um corpo, mas isso não é a fonte do problema de ninguém. O problema é o que você acrescenta posteriormente, em sua mente.

Nesse vazio, você começa a saborear a experiência de *ser*. Essa experiência é *ser* anterior a ser algo ou alguém. E esse mistério de ser é o que está desperto e vivo. É a única coisa que não precisa da mente para evocá-lo a existir. Você não tem que pensar em absolutamente nada para ser essa consciência. Tudo a seu respeito muda, excetuando esse fato de consciência. O corpo muda. A mente muda. Os pensamentos mudam – muito mais rapidamente do que a maioria das pessoas gostaria que mudassem. E não importa quanto conhecimento adquirir, ele não o trará para *cá* mais depressa. *Ser* é o constante – *aquilo* que está sempre desperto.

Já a mente, se você retornar ao conhecimento mental, tem todos os tipos de ideias sobre o que deve ser sua verdadeira natureza, porque você já leu tanto sobre isso, ouviu professores espirituais falarem a respeito, e existe toda uma mitologia mística criada ao redor da Verdade. É claro que é um choque compreender que não se trata disso. O que quer que pense ser, não é. Mesmo que seu conceito seja muito espiritual, místico e sobrenatural, você não é tal conceito.

Soltar o conhecimento acumulado ajuda a identidade a mover-se do eu-*self* ao *Self* sem *self*. Quando isso ocorre, é chamado de despertar espiritual. Mas isso não significa que você não possa fazer uso de seu conhecimento. O conhecimento ainda está aí para quando precisar dele. É possível retornar a ele para saber como operar seu computador e para todos os tipos de coisas práticas. Nada se perdeu a não ser sua falsa identidade. Você não se torna um tolo. Não vai se esquecer de como amarrar seu tênis porque compreendeu que não era quem pensava ser. Mas a mente tem medo disso. A grande barreira à realização são seus pensamentos a esse respeito, porque os pensamentos vão criar imagens do estado desperto, e tais imagens só pertencem ao conhecimento acumulado. Não importa qual imagem tenha de seu verdadeiro *Self*, essa imagem não pode ser a Verdade. Ao perceber isso, fica fácil reconhecer experiencialmente o que é certo aqui. Apenas o que é certo *aqui* – consciência eterna, puro espírito.

Ao compreender isso profundamente, não com a mente ou por meio da lógica dedutiva, mas através de um despertar direto, todo o restante fica muito simples. Assim que seu mundo de conhecimento conceitual é posto em seu lugar legítimo, ele é transcendido. Você vê que você é consciência eterna, mas que agora se manifesta como mulher ou homem, este ou aquele personagem. Mas como todo bom ator, você sabe que não é o que aparenta ser. Tudo o que existe é consciência, ou Deus, ou o *Self*, ou espírito, manifestando-se como algo, alguém. Buda chama isso de *não self*. Quando isso é visto, você vê a Unidade. Só existe Deus. Isso é tudo que há: Deus manifestando-se como uma flor, como um ser humano, como uma parede, como uma cadeira.

Nenhum conhecimento, nenhuma afirmação da Verdade toca o que é eterno, o que você realmente é. E nenhuma afirmação de como *chegar lá* é também verdadeira, porque o que leva uma pessoa a esse *lugar* não se aplica a outra. Uma mente que gosta de buscar um caminho da verdade não é capaz de encontrá-lo. É claro que a mente não gosta disso. "Nenhum caminho certo? Nada que possa ser dito ou lido que essencialmente, no final, pode ser verdadeiro? O ser mais iluminado não pode falar a Verdade?"

Não. Nunca pode e jamais poderá. A única coisa que se pode fazer é colocar um apontador na parede que diz "Olhe naquela direção". Uma seta espiritual falsa é aquela que aponta *para a parede* e diz "Olhe *nesta* direção". Uma seta verdadeira é aquela que aponta para além da parede de conceitos.

Os apontadores podem ser mais ou menos verdadeiros, mas não importa o que o apontador diga, não importa a forma como disse para chegar lá; isso não diz nada sobre o que está além. Nada. Porque assim que se está além, assim que se é o que é, nada mais se aplica. É por isso que vários dos grandes professores espirituais disseram que não há nada a conhecer. Para ser livre, para ser iluminado, não há nada a saber, e não existe iluminação enquanto pensar que sabe alguma coisa. Assim que souber de verdade que você não sabe nada e que não há nada a saber, esse estado é chamado iluminação, pois tudo o que há está *sendo*. Quando existe Unidade, sobre o que o Uno vai saber? O Uno só sabe que

"Eu sou Isto. Eu sou Aquilo". Como é dito na Bíblia: "EU SOU AQUILO QUE SOU". Esse é o verdadeiro conhecimento desperto. Todo outro conhecimento é secundário.

O conhecimento que é usado para um dado recurso ou para um dado propósito é estritamente utilitário. Ao começar a ver isso, você para de buscar a Verdade em tudo que sabe. Ao contrário, você busca a Verdade naquilo que é, porque, ao descobrir quem é, descobre que tudo mais é, também. É tudo Uno. Vê que não há nada para saber, e seu foco de investigação se desloca do pensamento ao ser.

Todo mundo experimentou uma sabedoria transcendente passando pela mente. Quando você bombardeia o cérebro com um problema por um longo tempo e depois, por alguma razão, deixa de se esforçar e subitamente tem um momento "Aha! É isso", de onde isso vem? A sabedoria foi além. Poderia ser algo realmente pequeno, um tipo de coisa cotidiana. Poderia ser registrado na mente como um "Aha!", mas não é um produto do pensamento. Veio de algum outro lugar, do *ser*. Por isso há grande sabedoria no *ser*. É um choque porque não estamos acostumados a operar a partir dessa sabedoria, que parece irromper somente ocasionalmente. Mas na verdade seu estado de ser está operando dessa forma continuamente.

Várias coisas são relativamente verdadeiras, mas nada que emerge da mente é absolutamente verdadeiro. Que alívio é para a mente quando ela não precisa mais se esforçar, e toda sua orientação, espiritualmente falando, move-se do saber ao ser.

Ego

O bode expiatório da espiritualidade é o ego. Como não existe alguém para culparmos por tudo o que acontece em nossa vida, fabricamos essa ideia chamada de "ego" para assumir a culpa. Isso causa muita confusão, pois o ego realmente não existe. É simplesmente uma ideia, um rótulo para um movimento ao qual vinculamos nosso senso de *self*.

Quando consideramos que o ego é apenas uma ideia que realmente não existe, conseguimos enxergar que muitas pessoas espirituais o estão culpando injustamente por todas as coisas das quais acreditam que deveriam se desfazer. Existe o mal-entendido de que algo que emerge de seu interior – talvez um pensamento, um sentimento, uma predisposição, ou um momento de sofrimento – é uma evidência de um ego, achando que só porque vieram à tona, o ego existe. Elas acham que têm um ego devido a todas as coisas que apontam para ele. Tudo que sempre encontramos é essa evidência ou prova de que o ego existe, mas jamais conseguimos encontrar essa coisa propriamente.

Quando peço a alguém para procurar o ego, a pessoa realmente não consegue encontrá-lo. Ele não está *aí*. Um pensamento ou uma emoção raivosa ativa a crença, "Ah, eu me livrei disto – é meu ego". É como se tudo que está acontecendo em um ser humano, especialmente em um ser humano que está interessado em ser espiritual, fosse usado como prova da existência de um ego que deve ser aniquilado. Mesmo assim, ninguém consegue encontrá-lo. Ainda preciso encontrar alguém que me mostre o ego. Já vi muitos pensamentos, sentimentos e emoções. Observei expressões de raiva, alegria, depressão e felicidade, mas ainda preciso encontrar alguém que me apresente ao ego.

Várias pessoas apresentam uma suposição de que, pelo fato de todas essas coisas existirem, deve haver um bode expiatório, alguém ou algo para culpar. Esse é o entendimento comum sobre o ego. Mas isso não é o ego. Às vezes, as coisas são tão simples como aparentam ser. Às vezes um pensamento é só um pensamento; um sentimento, apenas um sentimento; e uma ação, somente uma ação, sem nenhum ego envolvido. O ego que existe, se é que existe algum ego, é o pensamento de que o ego está aí. Mas não existe, em absoluto, qualquer evidência, seja ela qual for, da existência do ego. Tudo está apenas emergindo espontaneamente, e, se houver algum ego, é simplesmente este movimento específico da mente que diz: "É meu".

Normalmente o pensamento "Isto é meu" segue o surgimento de um outro pensamento ou emoção. Poderia ser "Estou confuso – isso é meu"; ou "Estou com ciúmes – isso é meu"; ou, em resposta a qualquer outra experiência que estiver surgindo, "Isso me pertence." Quando se acredita que existe um ego, esse pensamento ou sentimento ou confusão são gerados. No entanto, toda vez que retornamos diretamente para encontrar o ego, descobrimos que ele não estava lá, anteriormente ao pensamento, mas que o seguiu. É uma interpretação de um evento, de um dado pensamento ou emoção. É a suposição pós-fato de que "isso é meu". Ego é também a interpretação pós-fato que diz "Não sou eu"; a rejeição de um pensamento ou sentimento. É fácil ver que tal posição implica em que há alguém a quem isso não pertence. Esse é o mundo da dualidade. É o meu pensamento, minha confusão, ou o que for; ou não é o meu pensamento, não é a minha confusão, não é meu. Ambos são movimentos ou interpretações do que é. O ego é somente essa interpretação, esse movimento da mente, e é por isso que ninguém pode encontrá-lo. É como um fantasma. É somente um movimento particularmente condicionado da mente.

Desde a mais tenra infância, recebemos mensagens como "Você é lindo", "Você é inteligente", "Você tirou uma boa nota, portanto, você é bom"; ou "Você não tirou boas notas, portanto, você não é bom". Logo a criança começa a acreditar nisso, a sentir isso, a assumir essa essência emocional como "eu". Da mesma forma, alguém pode ter um pensamento e muito em breve começar a sentir tal pensamento. Se uma pessoa pensa em um dia alegre, ensolarado, seu corpo logo começa a assumir esse tom, sentindo algo que não existe. Assim, é claro, fica bem difícil quando se pede a alguém para livrar-se do ego, pois quem é que vai se desfazer do ego? O que está tentando se livrar do ego? É assim que ele se mantém, pensando que tem algo a ver consigo próprio.

Ego é um movimento. É um verbo. Não é algo estático. É o movimento pós-fato da mente que está sempre *se tornando*. Em outras palavras, os egos estão sempre no caminho. Estão no caminho psicológico, no caminho espiritual, no caminho para ganhar mais dinheiro ou um carro melhor. Esse senso de "*eu*" está sempre *se tornando*, sempre se movendo, sempre alcançando. Ou está fazendo o oposto – retrocedendo, rejeitando, negando. Para que esse verbo continue avançando, é preciso haver movimento. Temos que ir para a frente ou para trás, em direção a algo ou nos distanciando desse algo. Temos que ter alguém para culpar, e normalmente o culpado somos nós mesmos. Precisamos estar indo a algum lugar, pois, do contrário, não estaremos *nos tornando*.

Portanto, o verbo – vamos chamá-lo de "egoindo"* – não está operando se não estamos *nos tornando*. Assim que o verbo para, não é mais um verbo. Assim que você para de correr, não existe mais isso de correr – acabou; não está acontecendo nada. Esse senso de ego tem que se manter em movimento porque, assim que para, desaparece; exatamente como quando seus pés param, o correr desaparece.

Quando realmente o acolhemos e começamos a ver que não há ego, apenas "egoindo", então começamos a vê-lo como ele realmente é. Isso produz uma parada natural de uma perseguição a algo ou de um afastamento desse algo. Essa parada precisa acontecer de modo gentil e muito natural porque, se estamos tentando parar, isso é movimento novamente. Enquanto tentamos fazer o que pensamos ser a coisa espiritual certa, desfazendo-nos do ego, nós o perpetuamos. Entender que isso é mais do mesmo "egoindo" vai permitir a parada sem tentativas.

Poderíamos encontrar cem carvalhos e cada um teria uma personalidade, mas não um ego. Portanto, a parada desse verbo chamado "ego" não tem nada a ver com parar a personalidade. Não tem nada a ver com qualquer coisa em que podemos colocar um dedo: não com um pensamento, não com um sentimento e não com o ego. Se tivéssemos que parar ou se o mundo tivesse que parar para que que fôssemos livres, teríamos um grande problema. É o movimento de tornar-se, o movimento em direção a algo ou para longe de algo, que cessa.

Uma dimensão diferente de ser começa a se abrir quando permitimos que esse verbo ego continue se movimentando. Ao observar simplesmente, podemos começar a ver que nada que

---

* No original, "egoing". Neologismo criado pelo autor para explicar o ego em movimento, em seu estado de estar acontecendo ou *se tornando* (como se ego fosse um verbo e estivesse no gerúndio). [N. de T.]

emerge tem uma natureza egoica ou relativa ao *eu*. Um pensamento emergindo é apenas um pensamento emergindo. Se um sentimento vem à tona, ele não tem uma natureza relativa ao *eu* ou ao *self*. Se a confusão emerge, ela não tem uma natureza do "eu" nessa emersão. Apenas ao observarmos, percebemos que tudo emerge espontaneamente, e nada tem, em si, uma natureza inerente ao "eu". A natureza egoica só chega com o pensamento posterior.

Assim que acreditamos nesse pensamento posterior, temos toda uma visão de mundo acontecendo: "Estou com raiva; estou confuso; estou ansioso; estou tão feliz; estou deprimido, não sou iluminado"; ou ainda pior: "Sou iluminado". De repente essa crença do *eu-pensamento* colore tudo o que vemos, tudo o que fazemos e cada experiência que temos. As pessoas acham que espiritualidade é um estado alterado, mas essa ilusão é o estado alterado. Espiritualidade tem a ver com despertar, não com estados.

Meu professor uma vez me disse: "Se você esperar que a mente pare, vai esperar indefinidamente". De repente, tive que repensar minha trajetória até a iluminação. Tentei parar minha mente por um longo período e soube que tinha de encontrar outro curso de ação.

A instrução espiritual para "apenas parar" não é direcionada à mente, aos sentimentos ou à personalidade. É dirigida ao pensamento posterior que assume o crédito, acusa e diz: "É meu". Pare! É para lá que o ensinamento de parar é dirigido. Apenas pare o pensamento posterior. E, então, neste momento, sinta quão desarmado o senso de *eu* se sente. Quando o senso de *eu* é desarmado, ele não sabe o que fazer; se avança ou retrocede, se vai para a direita ou para a esquerda. Esse é o tipo de parada que é importante. O resto é só um jogo. Então, nesse parar, um estado diferente de ser, um estado não dividido, começa a emergir. Por quê? Porque não estamos mais em conflito conosco.

A mente pode ouvir essas palavras e perguntar: "O que é um estado não dividido de ser?". Isso é deixar escapar o que está acontecendo exatamente agora. Alguém sente um estado não dividido de ser; tal estado não pode ser encontrado em algum reino abstrato e conceitual, pois esse reino é, em si, um estado dividido. Tocamos o estado não dividido quando nos permitimos estar desarmados, quando não estamos tentando provar ou negar algo, e permanecemos nessa sensação de estarmos desarmados, sem resistência. Vem à tona um estado de estar literalmente no corpo e além do corpo, e o corpo não está mais em conflito consigo mesmo. A mente pode ou não estar pensando pensamentos, mas tais pensamentos não estão em conflito uns com os outros. Seja curioso sobre a verdadeira natureza de si mesmo, sobre o que você realmente é, pois essa curiosidade o abre ao estado não dividido. A partir do estado não dividido, uma das primeiras coisas que compreendi é que você não sabe o que é. Anteriormente, quando sabia o que era, você estava dividido – infinitamente. A partir daí, onde não há divisão, não existe o pesado, restrito, confinado senso de *self*. Você se torna um mistério.

A divisão facilita descobrir um senso de *self*. Se estamos com raiva, por exemplo, é aí que ele está. Mas quando é apenas raiva e não há identificação com esse senso de *self*, até mesmo a raiva subitamente se esvai. É uma energia que surge e se dissipa por si só. E então, o que sou eu? Se não é "minha" raiva, se não "sou" o dividido: o que eu sou?

Permita que o mistério de *ser* se desdobre de uma maneira que seja vivencial. Comece no nível de ser e não de pensar. À medida que o mistério se desdobra, tornamo-nos cada vez mais radiantes simplesmente sendo a consciência presente. E então o senso de identidade começa a se afastar da definição de si mesmo por meio da divisão e do conflito interno. A mente descobre que não existe um gancho para pendurar uma identidade, e assim começa a se autodesconstruir na abertura. Misteriosa e paradoxalmente, quanto mais a identidade se desconstrói, mais vivos e presentes nos sentimos. O senso de *self* torna-se como o açúcar que se dissolve na água até que pareça não existir um *self*, e no entanto, nós ainda existimos. Buda teria dito: "Todo o açúcar se dissolveu – não há *self*". Ramana Maharshi teria dito: "O açúcar se dissolveu na água, portanto água e açúcar são a mesma coisa – existe somente o *Self*".

A liberdade absoluta do ego não existente é ver que ele, na verdade, é irrelevante. Enquanto for percebido como relevante, continua "tornando-se". Todas as boas intenções do mundo somente o alimentam. "Estou me desfazendo de mim mesmo cada vez mais, a cada dia, e um dia estarei completamente livre de mim mesmo e absolutamente sem ego." O que você acha disso? É o ego. Mas quando o *eu* é visto em um momento de *insight* como sendo irrelevante, acaba o jogo. É como se alguém estivesse jogando *Banco Imobiliário* achando que sua vida depende de vencer o jogo e, de repente, começasse a compreender que é irrelevante – que não importa. A pessoa pode continuar jogando. Pode ir pegar um sanduíche. Esta vida não tem a ver com vencer o jogo espiritual; trata-se de despertar do jogo.

Ainda existe essa outra parte em nós chamada "condicionamento". Isso não é ego. Condicionamento é condicionamento; não é ego-condicionamento. Condicionamento é como instalar um programa em um computador mental. Quando o programa é instalado, não significa que o computador tem um ego. Ele está apenas temporariamente condicionado. Quando chegamos à fase adulta, o corpo-mente já foi totalmente condicionado. O ego vem sendo culpado por esse condicionamento, que não é, porém, proveniente do ego. Ego é o pensamento posterior, que surge no rastro do condicionamento que, por sua vez, é onde a verdadeira violência acontece.

Quando isso é percebido – que o condicionamento é como a programação provida pelo código genético, pela sociedade, pais, professores, gurus etc. (a mente também começa a condicionar a si mesma, mas isso é uma outra história) –, começamos a reconhecer que o condicionamento é desprovido de qualquer *self*. A mente tem medo de ver isso, pois, se o condicionamento é desprovido de qualquer *self*, não existe ninguém para culpar. Não faz sentido acusar a nós mesmos ou qualquer outra pessoa mais do que culparíamos nosso computador quando inserimos um disquete nele. Olhe para o momento presente para ver que condicionamento está aí e verá que não há culpa nele. É parte da existência. Sem condicionamento ou programação em nossos corpos, pararíamos de respirar, o cérebro viraria um *mingau* e não haveria inteligência – isso também é condicionamento.

O que mantém o condicionamento firmemente ancorado dentro de nós é o fato de nós o interpretarmos como "meu". Então, é claro, existe o culpar a si mesmo e aos outros e o tentar livrar-se do condicionamento, pois acreditamos que "Eu o criei"; "Eu não o criei"; ou "não posso me desfazer dele"; e a mente não gosta disso. A mente está iludida ao pensar que pode se desfazer desse condicionamento, mas quando a verdade chega, o indivíduo se torna cada vez menos dividido. Quando o condicionamento emerge, se não for reivindicado como "meu", ele surge dentro de um estado não dividido. Isso poderia também ser chamado de um estado não condicionado de ser. Quando o condicionamento encontra um estado não dividido, existe uma transformação alquímica. Existe um milagre sagrado.

Quando algo emerge, alguém pode ter a experiência de que "Isto é meu" ou "Estou de volta aqui – isto não é meu". Ambos são movimentos da mente, do pensamento posterior, que é mais bem conhecido como ego. Mas quando ocorre o estado não dividido, duas coisas podem acontecer. A primeira pode ser um despertar para nossa verdadeira natureza, que é esse estado não dividido, esse ser não dividido. A segunda coisa que pode acontecer é que o condicionamento, a confusão, que foi passado adiante inocentemente pela ignorância, pode se autorreunificar. Quando o condicionamento surge em uma pessoa que está em um estado não dividido, onde ele ou ela nem se apropria nem nega o condicionamento, então pode haver um processo alquímico sagrado pelo qual o condicionamento reunifica a si mesmo por si só. Como a lama na água, o condicionamento afunda naturalmente. É como um milagre natural.

Isso pode ser muito delicado, porque se houver a menor posse ou a menor negação de posse, esse processo está, de alguma maneira, corrompido. Ele exige de nós suavidade e abertura internas, pois essa sensação não dividida é muito suave, e não podemos buscá-la como uma marreta procura um prego. Essa é a razão de professores espirituais enfatizarem a humildade, que nos ajuda a entrar na verdade de nosso ser de uma forma gentil e humilde. Não podemos agitar os portões do céu. Ao contrário, devemos nos permitir estar cada vez mais desarmados. Assim, a pura consciência de ser torna-se mais e mais luminosa, e compreendemos quem somos. Essa luminosidade é o que somos.

Quando fica muito luminoso, vemos que somos essa luminosidade, essa radiância, e então começamos a perceber, a partir de nossa própria experiência, do que se trata todo esse nascimento humano. Esse resplendor retorna a si mesmo, a cada migalha de confusão, a cada parte de seu sofrimento. O *Self* sagrado retorna a tudo aquilo do qual o *eu* tentou se afastar. Esse *Self* brilhante começa a descobrir a própria e verdadeira natureza e quer liberar todas as partes de si para desfrutar e para amar a si mesmo de verdade, em todos os seus sabores. O sagrado verdadeiro é o amor do que é, não um amor do que poderia ser. Esse amor libera o que é.

O verdadeiro coração de todos os seres humanos é o amante daquilo que é. É por isso que não podemos escapar de nenhuma parte de nós mesmos. Não porque somos um desastre, mas porque somos conscientes e estamos retornando para todas as partes de nós nesse nascimento. Não importa quão confuso sejamos, retornaremos a cada parte de nós que tenha ficado fora do jogo. Esse é o nascimento da compaixão e amor verdadeiros. Por muito tempo foi dito pelas tradições espirituais que é preciso destruir muito para voltar ao amor. Mas isso é um mito. A verdade é: o que realmente libera é o amor.

Amor

Todos estão familiarizados com o tipo de amor que é celebrado em canções, poemas, comerciais e romances escolares. Esse tipo de amor é bonito, mas quero falar do amor em sua essência. Em seu sentido mais profundo. O amor é um aspecto importante da Verdade. Sem amor, não existe Verdade. Sem Verdade, não existe amor.

Qualquer pessoa que tenha tido sorte suficiente para experienciar um amor muito profundo e integrado sabe que o amor transcende todas as experiências e emoções. Se você vivenciou esse amor, sabe que ele está presente mesmo quando não se está no estado de sentimento chamado amor. Se não for amor verdadeiro, assim que sair do estado de sentir, compreende que o sentimento é tudo que se tem; é como um carro que acabou de ficar sem combustível. Esse não é o amor verdadeiro, o amor mais profundo, a fundação do amor. Quando se ama de verdade, sabe-se que o amor transcende todas as experiências. Por exemplo, uma mãe ama seu filho ainda quando a criança a leva ao desespero. Ela sabe que, mesmo nos momentos difíceis, quando está chateada, existe amor. Se você já amou um amigo, sabe que existe amor mesmo quando não o sente, mesmo em um momento difícil. Um cuidado muito, muito profundo, que transcende todas as experiências.

É claro que existem várias expressões distintas de amor. Mas quando se aponta para qualquer experiência de amor verdadeiro, você sabe que o amor existe mesmo na ausência de tal experiência. Toda vez que você o nomeia ou diz "O amor é assim" ou "Esta é a sensação de amor", nota que ele também existe na ausência de tal definição. Não é possível segurá-lo e dizer, "Isso aqui é amor verdadeiro", porque ele transcende isso. É como uma espécie de *self*. Não pode ser encontrado. Então você poderia dizer: "Não consigo encontrar um *self*, então não deve existir um". No entanto, existe algo que é desperto, radiante e ciente, mesmo que esse algo seja o inexistente radiante.

Da mesma maneira, o aspecto amor da Verdade está sempre presente quando a Verdade está presente. Esse amor transcende o fluxo e o refluxo da emoção; é um amor que está sempre aberto. Se extrair sua abertura, então o amor está morto, a Verdade está morta. Esse amor é algo que nos faz estar profundamente conectados, de alguma forma indizível, e acontece quando estamos realmente disponíveis, realmente abertos. As palavras não o ampliam nem o diminuem. Quando voltamos nossa atenção para o não dito, lá está ele. Existe uma conexão – algo belo, íntimo, acontecendo. Quando estamos abertos dessa forma indizível, sentimos como se a abertura encontrasse a si mesma.

Todos vocês já vivenciaram um momento em que sabiam disso e, qualquer que tenha sido a razão, sacrificaram essa abertura em prol de outra pauta. Alguma coisa veio à tona e você a bloqueou, e a conexão se foi; a mentira foi, então, contada. Ao desconectar-se desse nível não dito, é como se dissesse: "Estou prestes a começar a mentir dizendo o que não é verdadeiro". É fácil mentir ao decepar o coração do amor. Se permanecer conectado ao coração, é muito difícil mentir ou contar uma meia mentira. Ao se recusar a se desconectar do amor, então todo relacionamento que tiver será totalmente transformado; até mesmo o relacionamento consigo mesmo.

Ouvir isso pode parecer um pouco estranho porque em algum momento lhe foi ensinado que a conexão de amor deve ser reservada para momentos especiais, com pessoas especiais, em circunstâncias especiais. É tabu ter essa conexão indiscriminadamente. Você pode ter pensado: "Vou reservá-la para você, você e você – os demais são bem amedrontadores". Mas aquilo que é desperto, esse amor que transcende todas as descrições, quando é conhecido como uma profunda conexão e uma profunda unidade, esse amor não discrimina. Ele não sabe como se ligar e se desligar. Essa chave só está na mente. Esse amor está sempre ligado. Ama santos e pecadores igualmente. Isso é amor real. Amor de imitação é "Eu te amo mais do que qualquer outra pessoa porque você se encaixa na minha pequena visão distorcida de mundo mais do que qualquer outra".

Amor verdadeiro é sinônimo de Verdade. Não é diferente da Verdade. Não é o amor que vai à festa de formatura com a pessoa perfeita. Quando isso acontece é bem legal, é claro, mas é algo diferente. A profunda essência do amor não se apaixona e se desapaixona. Amor é; ponto. Ama até mesmo pessoas que sua personalidade pode não gostar. Isso não ocorre porque nós o desenvolvemos ou o transformamos em sagrado, nobre ou santificado. Não tem nada a ver com o amor de que falo. Esse amor é um reconhecimento profundo e simples, que intuitivamente conhece e encontra a si mesmo em cada experiência, em cada ser e em cada olhar. Encontra a si mesmo em tudo que ocorre. É amor simplesmente pelo fato de existir algo acontecendo, pois esse é o verdadeiro milagre. As coisas poderiam facilmente não existir, é muito mais fácil não ter nada do que ter alguma coisa. É um milagre que as coisas aconteçam e que nós vivamos nessa abundância chamada vida.

Essa profundidade de amor não é algo em que caímos e de que saímos. O amor em que caímos e de que saímos foi, de alguma forma, removido da essência do amor. Esse tipo de amor é também parte da experiência de vida para a maioria dos seres humanos, mas tal sentimento é simplesmente reconhecido por *ser*. É uma grande surpresa quando o reconhecemos pela primeira vez – quando descobrimos que esse amor, bem aqui, vindo diretamente de nós mesmos, está apaixonado por tudo que encontra.

"Como isso é possível? Eu não deveria amar uma pessoa que tem uma filosofia tão diferente da minha."

"O que esse amor está fazendo aqui? Somos de lados totalmente opostos do espectro político."

"Por que eu te amo? Como o amor foi se infiltrando? Que tipo de amor é esse?"

Esse é um amor profundo. Esse é um amor que é sinônimo de Verdade. Onde esse amor está presente, a Verdade está presente. Onde a Verdade está presente, essa conectividade, esse amor profundo, está presente.

Várias das histórias de Jesus descrevem esse tipo de amor. As pessoas a seu redor lhe diziam constantemente o que não era digno de amor: "Vamos apedrejar esta prostituta até a morte. Deus não ama pessoas como ela." Mas Jesus, totalmente conectado, sabia que esse amor não discrimina. Ele não surge porque alguém é bom ou legal. Ele simplesmente é. Ama todos indiscriminadamente. Muito de sua pregação foi fundada sobre esse tipo de amor. Foi expresso mesmo para os que foram responsáveis por sua morte. Ele disse: "Pai, perdoa-os, pois eles não sabem o que fazem". Isso provém do amor que simplesmente não vai cessar, mesmo frente à morte. Essa é a voz do amor. A mente pode dizer: "Ei, eles vão me matar. Tenho o direito de recolher o amor". Mas a Verdade não opera através dessa lei; não joga de acordo com as regras do jogo que a mente estipularia. Ele ama, mesmo assim. Não comete erros; esse amor não tem nada a ver com tornar-se nobre, santo ou merecedor. Esse é um amor que é pré-existente. Sempre esteve aqui e sempre estará. É um amor que simplesmente é.

Você teria que colocar esse amor de lado para lidar com o *negócio* de ser um *self* separado, mas ele ainda assim existe. E este é, na verdade, seu maior medo: descobrir que você ama todos os tipos de coisas e pessoas que sua mente preferiria não amar. Possivelmente, o único medo maior do que a morte é o amor, o verdadeiro amor. Descobrir que você realmente ama, que essa é a sua natureza, é o início do fim de tudo em você que pensa estar separado. Quando está chateado com alguém, realmente é porque o amor está presente, embora você quisesse que não estivesse. É por isso que as pessoas que se divorciam estão em pé de guerra umas com as outras. Elas pensam que porque vão se divorciar, não deve haver amor. Mas ele está presente. Você pode não gostar disso, pode não querer viver com alguém, mas o amor ainda estará presente, pois não existe essa coisa de amar uma vez e depois não amar mais. Quando as pessoas conseguem encarar o fato de que o lado romântico do amor acabou, mas o cuidado ou a conexão ainda existem, isso pode liberar a energia delas. E você pode se acostumar com isso em relação a uma pessoa, pois no final vai descobrir que o amor está presente em todas as pessoas. Simplesmente está presente. É um fato consumado. Não importa quem seja. Se puder aceitar o amor, saberá quando deve ficar com alguém e quando deixar esse alguém.

O verdadeiro amor não tem nada a ver com gostar de alguém, concordar com esse alguém ou ser compatível. É um amor de unidade, um amor de ver Deus usando todas as máscaras e se reconhecendo em todas elas. Sem ele, a Verdade torna-se uma abstração, que é *cool* e analítica, mas essa não é a Verdade real. A Verdade expõe a si mesma na disposição de se abrir a essa conectividade íntima com todas as coisas. Se a personalidade gosta disso ou não, uma conexão íntima está presente. Às vezes ela tomará a dianteira e se revelará de forma muito óbvia. Outras vezes, queimará em segundo plano feito brasa, apenas lá, para todas as coisas. Com esse amor você pode sentir os muros da oposição ruírem naturalmente no reconhecimento de uma conexão profunda. Não só os muros da oposição desmoronam, como o amor é sentido por cada ser humano e pela vida propriamente.

É como o amor dos pais por seus filhos: embora você se frustre algumas vezes, esse amor é constante. É similar à vida, que às vezes pode levá-lo à loucura ou ser realmente legal. Esse amor está além dos bons momentos e dos momentos difíceis, que continuam acontecendo. Quando você desperta para esse amor que transcende cada momento, bom ou mau, uma revolução radical acontece em seu relacionamento com a vida em si. Esse é um amor que não tem opostos, como ódio, mas que está presente por meio de todas as coisas, em todos os momentos. Compreender isso é uma revolução porque quando se vê que esse amor que você é ama o que é detestável, ama o que você não deveria amar ou o que não lhe é permitido amar culturalmente, e você não está prestando atenção às regras de separação do ego, você compreende que é um tipo diferente de amor.

Por favor, entenda que esse amor de que falo não é exclusivo, no sentido de excluir outras experiências de amor. O amor da amizade, o amor do casamento e vários outros tipos de amor têm sua própria forma de ser e de se mover pelo mundo. Mas estou falando da essência em si, da essência que está em todos os sabores do amor. Esse é o verdadeiro amor espiritual, que é um estado de conexão profunda e inenarrável. Somente esse amor tem o poder de transformar nosso relacionamento para permanecer vivo, nosso relacionamento uns com os outros e com o mundo. Esse amor é atemporal. Esse amor não se contém.

Muitas vezes, quando as pessoas estão despertando para esse amor, elas me dizem: "Adya, isso é demais para mim. Vai me dilacerar". Ridículo! Demais para você? Você é transparente. Você é vazio. Esse amor simplesmente passa por você e vai além. Por você e além! Somente quando você se contém de uma forma diferente é que parece ser demais. Você está retendo uma ideia de seu limite pessoal, de suas margens, e, é claro, não consegue conter isso. O amor jamais pode ser contido.

Dependência espiritual

Uma pessoa espiritual pode se tornar dependente dos ápices espirituais e perder a experiência da Verdade. A dependência espiritual ocorre quando algo realmente grandioso acontece, como se você tivesse recebido uma dose de uma droga poderosa. Assim que você a toma, quer mais. Não existe droga mais potente do que a experiência espiritual. O componente intelectual desse vício é a crença de que, se você tiver experiências o bastante, vai se sentir ótimo o tempo todo. É como morfina. Você recebe uma dose no hospital porque quebrou o braço e pensa: "Se eu recebesse gotinhas disso todo o tempo, a vida seria relativamente prazerosa, não importa o que acontecesse". As experiências espirituais com frequência são assim, e a mente as coloca em seu padrão costumeiro ao pensar: "Se eu tivesse tal experiência constantemente, isso seria liberdade".

Em pouco tempo você descobre que sua condição não é muito melhor do que a de um etilista comum, com a exceção de que os etilistas sabem que têm um problema, pois tal vício não é culturalmente aceito. A pessoa espiritual tem muita certeza de que não existe nenhum problema, que sua embriaguez é distinta de outras formas de se inebriar, e o ponto é estar espiritualmente embriagada para sempre. Esta é a mentalidade de um viciado: "Eu tinha isso, mas perdi. Preciso disso. E não tenho mais".

Em nossa cultura, no que tange à maior parte dos vícios, o viciado é visto como miserável. Mas não no mundo espiritual. É dito ao buscador que a dependência espiritual é diferente de todas as outras dependências. Você não é um drogado. É um buscador espiritual.

Esse problema vai continuar enquanto houver algo em você que sustente alguma esperança de uma experiência de pico. Quando isso começa a desmoronar, você começa a ver que experiências agradáveis, maravilhosas e edificantes são de certa forma como bebedeiras alcoólicas muito agradáveis e edificantes. Elas são ótimas por um curto período de tempo, e depois existe uma reação igual e oposta. Ao pico espiritual segue-se uma baixa espiritual. Vi isso acontecer com vários alunos.

Assim que essas experiências de pico e baixa ocorrem por um longo período, você começa a compreender que talvez a experiência espiritual de pico seja apenas um movimento pendular seguido de uma experiência de baixa. Em algum ponto, você pode ter um momento comum e entender que esses movimentos pendulares são reações iguais e opostas. Você compreende que é impossível sustentar uma parte do movimento pendular porque sua natureza é se mover para a frente e para trás. Não há como fixar esse pêndulo em algum ponto.

Esse é o movimento do buscador, mas é também o movimento do *eu*, pois o *eu* está sempre interessado em reações opostas e iguais, tentando sustentar uma experiência e evitar outras. É isso o que o *eu* faz. Corre atrás do bom e evita o ruim. Enquanto a identidade estiver nesse movimento, mesmo que no ápice espiritual, que parece muito nobre, você jamais será livre. Não há liberdade nisso, pois não é possível sustentar uma experiência. Por sua própria natureza, a liberdade não tem nada a ver com sustentar determinada experiência, porque a natureza da experiência é se mover. É como o ponteiro do relógio; está se movendo continuamente.

Precisamos discutir essa questão da dependência espiritual, pois a menos que você a compreenda, o segundo ponto para o qual vou apontar será apenas outro conceito espiritual fantasioso. Mas se compreender a primeira parte – que o despertar espiritual não tem a ver com nenhuma experiência de pico –, então a segunda parte torna-se muito mais significativa e interessante. A segunda parte é que tudo é consciência. Tudo é Deus. Tudo é Uno. Ver que tudo é Uno abre um buraco na tentativa de fixar o movimento pendular da experiência em algum lugar específico. Se tudo é Uno, não é mais Uno quando o pêndulo está no estado elevado do que quando ele acaba em outro estado.

Professores zen não explicam as coisas de forma abstrata, o que é tanto a beleza quanto o terror disso. A forma de meu professor explicar isso seria mostrando seu cajado e dizendo, "Isto é Buda". Então ele bateria o cajado no chão e todos pensariam, "Uau! Isso é uma coisa super zen. Gostaria de entender o que ele está dizendo". E ele continuaria batendo – *bang, bang, bang, bang* – e afirmaria: "Isto é zen. É isto!". E todos iriam reagir com "Ah, uau!". As pessoas ficariam se perguntando "O quê? Onde?", mas ninguém diria em voz alta. "Isso não pode ser zen, porque é apenas o bater de um cajado no chão." Uma vez que nem tudo é Uno para a mente, ela continua a procurar, "Onde está? Que estado é este?". Como o *eu* se orienta em relação a tudo pelo seu próprio estado emocional, isso é o que ela usa para decidir o que é verdadeiro. Ela acredita que o que é verdadeiro é sempre um estado emocional altamente elevado, mas esse cajado golpeando o chão não é um estado emocional altamente elevado. Então, para piorar, para tornar a coisa mais terrível, ele acrescenta: "Esta é uma descrição concreta da verdade. Isto é Buda. Isto não é abstrato". E é aí que realmente desistimos.

É uma bênção real ter um ensinamento que insiste em ser concreto, porque ele poderia ter simplesmente dito, como eu digo algumas vezes, "Tudo é consciência. Tudo é Uno". Então a mente pensa: "Entendi. Vou *comprar* isto. Sei o que isto significa". Mas quando um cajado golpeia o chão e o professor diz "É isto", não é possível envolver a mente. Esse golpear do cajado no chão é o máximo de Deus que se pode obter. Tudo mais além disso é uma abstração, um movimento afastado do fato. No zen, nenhuma concessão é feita à abstração. Isso é tanto o poder e a maldição do zen, pois força os alunos a compreenderem a coisa real e a não pensarem que entenderam alguma coisa quando não é o caso.

Isso coloca o buscador espiritual em um dilema. Ao contemplar o significado de que tudo é Uno, o *eu* começa a procurar uma experiência de Unidade. Então lê um livro sobre a experiência da Unidade, vê uma descrição de fundir-se e perder-se na casca da árvore ou em algum outro lugar e começa a buscar experiências emocionais passadas para descobrir se teve esse tipo de experiência.

A experiência de fusão é muito agradável e bela, e você pode tê-la algum dia ou não. Se tiver um tipo específico de corpo-mente, consegue experienciá-la a cada cinco minutos. Se tiver outro tipo de corpo-mente, pode vivenciá-la a cada cinco vidas. Se acontece ou não ou a frequência com que acontece, isso não significa nada. Encontrei várias pessoas que podem se fundir num piscar de olhos e que são tão livres quanto um cachorro correndo atrás do rabo em uma jaula. Fundir-se não tem nada a ver com ser livre ou realmente ter qualquer ideia sobre o que realmente é Unidade. Unidade simplesmente significa que tudo é Uno. Tudo é isso e tudo sempre foi isso. Quando existe um saber muito profundo de que tudo é Uno, então o movimento do *eu* tentando buscar uma experiência passada cessa. O movimento acaba. A busca acaba. O buscador acaba. Essa percepção acaba com tudo de imediato. Cada experiência que se venha a ter é o Uno, seja uma experiência de fusão ou a de ir ao *toilette*. Mesmo quando se está golpeando o cajado no chão e dizendo: "É Isso. Isso é o Buda. Isso é a mente iluminada. Não ficará mais iluminado do que Isso!". É tudo Deus.

Essa compreensão começa a acontecer, com frequência, quando o eu, que acreditava que a experiência de Unidade estava relacionada ao balançar do pêndulo em direção a um estado emocional elevado, começa a ver quanto essa crença é limitante. A experiência de "Consegui e perdi" é uma experiência muito, muito valiosa para o buscador espiritual. A beleza do balanço da experiência é que ela começa a forçar o *eu* a deixar para trás qualquer moldura conccitual sobre a experiência em si. Você questiona a ilusão de que a qualidade vivencial de qualquer momento lhe diga qualquer coisa sobre a natureza absoluta da realidade. O *eu* pessoal pensa que, quando se sente bem, está mais próximo de sua verdadeira natureza e, quando se sente mal, está muito distante dela. Mas depois de viver nesse balanço de consegui-perdi, finalmente esse *eu* deixa de acreditar em sua própria ilusão. Algo começa a ver além, reconhecendo que isso não é liberdade.

Porém, se o buscador está programado para fazer isso, irá ouvir o que eu estou dizendo e pensar, "Esqueça. Ainda acredito que consigo fixar o pêndulo em um estado espiritual elevado e deixá-lo lá". Toda a existência e a identidade de um buscador espiritual podem estar investidas nessa experiência pendular. É desorientador compreender que você passou sua vida, e talvez várias vidas, tentando prender o pêndulo em um estado espiritual elevado e tudo isso o levou a tornar-se um viciado em experiências espirituais. Isso pode levá-lo a uma nova, baixa e grande desorientação. Se sentir essa desorientação intensa, pode tentar afastar-se dela, pois de repente o buscador em você não sabe o que fazer. Fica muito confuso e pergunta a si mesmo: "Se eu não estou procurando pelo estado elevado para ser livre, o que estou fazendo?".

O buscador precisa estar bem no meio dessa desorientação e da sensação de não saber o que fazer, pois ao ficar aí, sem resistência e sem se afastar dela, neste momento algo novo começa a nascer. Sinta em sua própria experiência o que começa a nascer ao se permitir vivenciar a desorientação do buscador espiritual, que para de buscar uma experiência diferente da que está ocorrendo bem agora. É possível sentir o buscador se dissolvendo e a paz emergindo, que, de qualquer forma, é a paz que o buscador sempre buscou. Quando o buscador se dissolve, então nasce a paz, e há quietude. Essa não é uma qualidade de quietude que tenha qualquer dependência de um estado emocional. No momento em que o buscador começa a se dissolver e há apenas paz, então o pêndulo poderia balançar para um estado espiritual elevado ou para um estado comum, ou até mesmo para um estado desagradável, e a paz propriamente permanece independente de tais estados por completo. Esse é o nascimento da percepção de que somente a partir do ponto em que o buscador está se dissolvendo é que a liberdade pode acontecer, pois não existe mais nenhum movimento em direção à experiência ou de afastamento.

A natureza da experiência é que ela muda ou ondula como as ondas no oceano. É o que se espera. A identidade começa a se deslocar do *eu*, do buscador que busca alguma experiência específica, para simplesmente isso. Apenas isso. O centro está sempre aqui. O centro sempre esteve aqui. Foi somente o buscador que insistiu que o centro poderia estar em uma experiência espiritual elevada. Mas à medida que o buscador se dissolve, então cada instante é o centro exatamente aqui. Está bem aqui, imóvel. E você pode estar passando por uma experiência emocional e psicológica muito comum, muito triste ou muito extraordinária, e ainda assim o centro está exatamente aqui. E só a partir daqui é que começa o entendimento de que tudo é uma expressão do centro. Tudo. Não existe nenhuma expressão que seja mais verdadeira do que qualquer outra. Não existe nenhuma experiência que seja mais verdadeira do que qualquer outra, pois no centro de tudo não existe nenhum buscador. Bem aqui, não há nada. Tudo é Uno.

Você irá descobrir que não existe nenhum pequeno *eu* no centro ocupando o espaço. Sem esse *eu* no centro, não há ninguém para julgar se dada experiência é a experiência certa ou se é espiritual. Compreende? É isso! Quando meu professor golpeava seu cajado no chão, mostrava que tudo emergia do centro, onde não há ninguém. Tudo é uma expressão desse centro e não é separado desse centro. Se você não vir isso *aqui*, não verá em nenhum outro lugar. Esse é o Grande Alívio – o alívio de não ter que mudar nada para chegar à Terra Prometida ou de buscar uma experiência iluminada. A experiência iluminada é que você não precisa mudar nada. Na verdade, pode-se ver daí que a iluminação em si não é uma experiência. Não é um pico espiritual.

Assim, cada experiência é apenas uma expressão daquilo que não é uma experiência. Tudo é isso e não há nada a não ser isso, e nunca houve nada a não ser isso. É o que realmente significa saber que tudo é Uno. É por isso que todos os sábios ao longo do tempo diziam, "Esta é a Terra Prometida". Esta Unidade é Deus. Isto é o Uno. É *isso*. Não está em nenhum outro lugar. E assim que o centro é entendido como vazio e que não há ninguém lá querendo que ele seja o que não é, isso é muito melhor do que o mais elevado dos estados espirituais. Não importa quão bons sejam, a Verdade é infinitamente mais livre.

* * *

ALUNO: Você poderia explicar a distinção entre experiências espirituais e momentos de despertar não duais? Parece ser possível ficar enganchado ao se tentar recriar o que de fato foi um despertar não dual temporário.

ADYASHANTI: Tudo o que estou dizendo é que uma experiência é uma experiência, é uma experiência. É verdade que alguém pode vislumbrar o estado não dual. O que normalmente ocorre é que se o buscador não viu além, irá muito rapidamente se reafirmar e vincular o estado não dual a seu subproduto. O subproduto do estado não dual, do estado não vivencial de ver que não há nada para se buscar, que nunca houve algo para se buscar e que tudo é Deus, é um grande "Aha!".

O equívoco que o buscador pode cometer se não tiver visto completamente é associar o "Aha" ao estado não dual, não experiencial. É claro que o "Aha!" pode simplesmente ser o alívio, a alegria, a risada, lágrimas, ou bem-aventurança, que são subprodutos, que são muito bonitos. Não significa que o que foi visto não seja a Verdade. Significa apenas que a menos que o buscador tenha visto completamente, vai começar novamente a associar esses subprodutos não experienciais ao despertar propriamente. O subproduto irá se tornar o objetivo. E realmente torna-se o objetivo.

Não estou dizendo que o que foi visto não seja verdadeiro ou que nada de valioso ocorreu porque o subproduto é muito bonito. Estou perguntando se você pode começar a deixar de lado todos os subprodutos. É possível ver qual é a *fonte* do subproduto?

ALUNO: Ao longo dessas mesmas linhas, você concordaria que oferece um tipo de técnica desconstrucionista para nos tornar mais livres, onde vemos as concepções errôneas que nos vinculam, e então trabalhar para desemaranhá-las? Parece-me que os tipos de aberturas sobre os quais estamos falando também podem ocorrer por meio de outras técnicas, como a meditação. Se trabalharmos constantemente para abraçar essas aberturas, então, ao vivenciá-las repetidas vezes, elas de alguma forma são impregnadas ao sistema corpo-mente, e existe um florescer que acontece em algum momento.

ADYASHANTI: Bem, é possível que funcione dessa forma. Normalmente não. Geralmente o buscador tem experiências específicas, mas então não as tem, ou as tem com relativa frequência, seja semanal, mensal ou anual. A partir do que vi, o mito propagado é que, se continuar a ter tais experiências, algo vai mudar. Às vezes, algo muda. Na maioria das vezes, o buscador continua a ter tais experiências em intervalos relativamente previsíveis. É quase possível representá-las em um gráfico. Eles acreditam que elas vão valer a pena no fim da linha. O buscador acredita que elas vão conduzi-lo à iluminação. Isso é um mito.

O que estou dizendo é que, na maioria das vezes, não é assim que funciona mesmo. Não estou dizendo que não possa ser. Estou apenas dizendo que, na maioria das vezes, não funciona, pois o buscador está pensando que a próxima experiência, que será diferente dessa, será a *certa*. Essa é a ilusão que normalmente não é questionada, e, se não é questionada e investigada, o indivíduo pode continuar a ter experiências espirituais, mesmo com grande frequência, e isso é como estar *bêbado* o tempo todo. Você simplesmente bebe com maior frequência, certo? Você pode ter experiências espirituais com grande frequência, mas isso não significa que ainda seja um viciado. O buscador está firmemente a postos.

ALUNO: Para mim, isso levanta uma pergunta sobre confiar em nossa experiência. Ao comer algo que não me faz bem, não como mais tal alimento. Tento evitá-lo, e isso é chamado de sabedoria ou de ser esperto. E se algo funciona para mim e me dá uma experiência de liberdade, há um *feedback* natural dado por Deus que diz, "Vá nesta direção". Como você aconselharia lidar com a tendência natural de associar uma ação específica à experiência espiritual ou à abertura que a acompanha? Você está dizendo que não deveríamos seguir esse *feedback*?

ADYASHANTI: Não, estou dizendo o contrário. Estou dizendo que você realmente deveria seguir o *feedback*. Deveria seguir sua experiência. O único problema é que a maioria das pessoas segue parte da experiência, não toda a experiência. Parte da experiência seria acreditar que "Se eu fizer isso, terei uma experiência de liberdade, e isso é muito bom e era isso que eu estava buscando". Ou "A partir da minha própria experiência, sei que, se eu fizer isso, em algum momento a Graça acontece e terei uma bela experiência". Não estou discutindo isso, em absoluto. Isso é parte da experiência de alguém. A outra parte da experiência de alguém, que normalmente não é vista, é o fato de que essa progressão, esse movimento, é, por si, escravidão. Não é liberdade. Espera-se sempre a próxima experiência. A experiência das pessoas mostra isso a elas; elas sabem que é assim. Sabem que não são realmente livres porque estão esperando a liberdade. E essa espera é também a experiência delas, mas normalmente ela é quase instantaneamente descartada, pois essa parte da experiência ameaça todo o paradigma espiritual de alguém. Por isso, o buscador não olha para ela.

ALUNO: Sim, não quero olhar para isso.

ADYASHANTI: Estou dizendo para confiar em sua experiência, mas na experiência toda.

ALUNO: Isso soou como se você estivesse desafiando a ideia de que a evolução acontece. Você sabe, existem estágios. Existem passos. Vamos do ponto A ao B. Tem que haver algum lugar para onde ir, do contrário não estaríamos aqui conversando sobre algo a ser feito. Não existe uma progressão?

ADYASHANTI: Há uma progressão, mas você não está indo a lugar nenhum. Se existir algo, é uma regressão, mais do que uma progressão. Quando é valiosa – e não me refiro a regressar a um estado infantil; não esse tipo de regressão –, você regride de todas as suas ideias espirituais para um estado muito mais simples. Nesse sentido, há certamente uma regressão que pode ocorrer, e o ponto é que chegamos ao que estou dizendo. Pode acontecer subitamente, de uma vez só, e pode também acontecer gradualmente, muito mais como o derreter da manteiga. Se quisermos chamar esse derreter de uma progressão, suponho que possamos, mas acho que dizer que a manteiga derrete é diferente de uma progressão. Você não está indo a lugar algum. Na verdade, está chegando rapidamente a nenhum lugar. Então, pode ocorrer de um jeito ou de outro. Pode acontecer gradual ou subitamente. Minha experiência com várias pessoas é que pode ocorrer do jeito que a experiência quiser. Nesse sentido, posso comprar a teoria progressiva, mas não a ideia de que algumas experiências, mais do que outras, dizem-me que estou progredindo. Essa é a armadilha. Elas não indicam que você está progredindo.

ALUNO: Essa é a parte que sinto ser um pouco perigosa, pois acho que todos nós queremos, em alguma medida, ter progredido, e contamos histórias sobre isso aqui em *satsang*.

ADYASHANTI: Sim, contamos.

ALUNO: Conversamos sobre como certo predicamento aconteceu comigo na semana passada e sinto que lidei melhor com isso – como se o *satsang* estivesse funcionando. Temos a sensação de melhora e de que a vida está melhorando.

ADYASHANTI: Sim, é claro que há melhoras, mas melhoras não são o despertar ou a iluminação.

ALUNO: Obviamente, existem todos os tipos de experiências. Podemos ser enganados por elas. E realmente entendo o que você diz: não se prenda ao brilho. Busque o forte. Não capture minas de prata ou de ouro e se prenda a elas.

ADYASHANTI: Certo, porque todas vão se esgotar. Se sua experiência é a de que a sua vida está melhorando cada vez mais, ou sendo cada vez mais livre, quem sou eu para negar isso? É a sua experiência. Se alguém está tendo essa experiência, então estou realmente contente de que tal pessoa esteja mais feliz e provavelmente vá tratar a si mesmo e aos outros muito mais gentilmente. Tudo bem quanto a isso. No que diz respeito à liberdade, não há um medidor para isso. Ou se está desperto ou não.

Ilusão

O mundo é ilusório.
Somente Brahman é real.
O mundo é Brahman.

– Ramana Maharshi

O mundo é Brahman, a realidade absoluta, se percebido diretamente. Mas esse mundo tem uma camada sobreposta constituída das exigências que fazemos a ele. Todos têm suas próprias exigências. Algumas pessoas sentem que o mundo não lhes deu o bastante. Algumas acreditam que ele não é seguro o suficiente. Outras exigem que todos estejam em paz. As várias exigências que alguém faz ao mundo ou a si próprio são contínuas. Essas exigências formam uma camada sobreposta. Quando se diz que "O mundo é ilusão", isso significa que essa camada sobreposta não existe. Não é real. É somente uma função da mente.

Quando alguém lhe diz "Eu te amo" e você se pega pensando "Ah, devo ser merecedor, afinal de contas", é uma ilusão. Não é verdadeiro. Ou quando alguém diz "Eu te odeio" e você pensa "ah, meu Deus, eu sabia: eu não sou merecedor", isso também não é verdadeiro. Nenhum desses pensamentos sustenta uma realidade intrínseca. São apenas sobreposições. Quando alguém diz "Eu te amo", está falando sobre si, não a seu respeito. Quando alguém diz "Eu te odeio", está falando sobre si, não a seu respeito.

Visões de mundo são visões do eu – literalmente. Esse mundo de sobreposição perceptível não está, de fato, acontecendo, a não ser na mente. Uma boa maneira de se ter uma imagem disso é imaginar que você está morrendo. Tudo o que morre com você é o que não era real: toda a visão que tinha de si mesmo, sua visão de mundo, a forma que o mundo deveria ser, a forma que poderia ser, o jeito que você deveria ser, o jeito que você poderia ser, se você era iluminado ou não. Todas essas ideias morrem quando o cérebro para de funcionar. Na verdade, não estão aqui. Nada disso está realmente acontecendo. É por isso que o despertar espiritual tem um elemento de morte.

Se realmente quiser ser livre, é preciso estar preparado para perder o mundo – todo o seu mundo. Se estiver tentando provar que sua visão de mundo é correta, pode arrumar sua mala e voltar para casa. Se quiser despertar e falar "Aleluia! Eu estava certo sobre tudo", simplesmente tire férias ou retorne ao trabalho e não enlouqueça quanto a questões espirituais. Mas se for ligeiramente atraente a você pensar sobre como despertar e compreender que "Ah, eu estava totalmente errado. Estava totalmente errado sobre mim e todos os outros. Estava totalmente equivocado sobre o mundo", então você pode estar no lugar certo.

As pessoas podem estar meditando para provar que uma visão própria de mundo está correta sem saber. Isso pode acontecer por razões negativas e positivas. Alguém poderia pensar, "Sei que sou Buda. Sei que estou iluminado. Sei que estou iluminado". Mas mesmo com esse pensamento, estaria tentando forçar uma visão de mundo, e ela quase nunca se encaixa. O mestre zen Huang Po encorajava as pessoas a eliminarem o Buda – jogarem fora todas as visões, todas as visões de mundo, mesmo a visão de mundo espiritual – para que não o impusessem sobre o que é. É daí que vem a sentença "Se encontrar o Buda na estrada, mate-o".

Se tiver qualquer imagem sobre o que é a Verdade, mate-a imediatamente, pois não é.

Liberar essa sobreposição de ideias e imagens é muito parecido com o despertar de um sonho. Despertar é a única maneira de compreender o que é um sonho. Podemos ser muito fundamentalistas – mesmo com ensinamentos orientais, como se sabe. Você pode acreditar que não existe nenhum mundo ou nenhum *self*, mas se isso não for algo vivenciado diretamente, então é outra forma de fundamentalismo. É outra forma de a mente impor algo sobre o que existe.

Ao meditar, você começa a reconhecer os vários pontos de vista que vem carregando e pode soltá-los. Mas com a mesma rapidez que os solta, você os substitui. É como as crenças. A maioria das pessoas realmente não solta uma crença sem agarrar-se a outra. Esta é muito melhor, então vou pegá-la agora. Mas questionar quem está sustentando as crenças é muito mais eficiente do que questionar cada pequena crença ao longo do caminho, porque, ao ver uma, outra brevemente emerge. É como arrancar ervas daninhas.

Quando eu era criança, meu melhor amigo do outro lado da rua tinha um quintal com um gramado que tinha mais ervas do que grama. O pai dele costumava nos pagar 25 centavos por hora – isso há trinta anos – para retirar o mato. Mas mesmo naquela época sabíamos que 25 centavos por hora não era muito dinheiro. Porém, com uma hora de trabalho comprávamos uma barra de chocolate. Inicialmente, sentávamos no gramado cavando as raízes com pequenas facas. Aquilo era muito trabalhoso, e então passávamos simplesmente a arrancar o mato. Puxávamos o mato pelas folhas. Havia mais mato do que grama, e ficávamos arrancando, puxando as ervas várias horas por dia – até por duas semanas no verão, quando decidíamos que realmente queríamos algum dinheiro. Quando chegávamos ao outro lado do gramado uma semana depois, as primeiras ervas que tínhamos arrancado já estavam crescendo novamente. As crenças são assim. Você *pega* uma, mas se não chegar à raiz dela, se não arrancar o que sustenta a crença, novas crenças continuam a surgir para chamar a sua atenção. Essa é uma boa maneira de ter trabalho garantido. O ego pode garantir trabalho dessa forma.

Tudo isso tem a ver com desenraizar quem sustenta as crenças. Quem está mantendo essa crença? Quem está brigando? Quem não está se esforçando? Assim que você tira as raízes daquele que mantém a estrutura, toda a estrutura entra em colapso. Ao arrancar a raiz, toda a estrutura conceitual entra em colapso. Se deixar uma parte da raiz, a erva irá retornar e começará a crescer novamente.

* * *

ALUNO: Algumas vezes vejo minhas visões de mundo como ilusões e sinto a inteireza. Mas, então, caio novamente no estado de separação. Como faço para que esse movimento pendular de ir e vir pare e eu me mova de momentos ocasionais de percepção para a percepção permanente?

ADYASHANTI: Dissolver aquele que pergunta: "Quando irei dos momentos de percepção para a percepção permanente?". Você tem uma ideia de quem está perguntado isso? É um movimento específico de pensamento que está perguntando. Tudo é uma sobreposição conceitual. Existe um ditado no zen: "Em um momento você é Buda, no próximo, um ser senciente". Às vezes, você é Buda. Outras vezes, um ser senciente. E sempre é Buda, pois ambos são máscaras. O ser consciente é uma máscara. Buda também é uma máscara. Quando as máscaras caem, tanto o ser senciente quanto

Buda são o mesmo.

ALUNO: E não é possível nomeá-lo.

ADYASHANTI: Não é possível nomeá-lo. É não máscara, vazio. Como Huang Po disse, "Não é mais importante manifestar-se como Buda e não é menos importante manifestar-se como ser senciente".

ALUNO: Noto uma tendência em mim de me apegar a um sentimento de queda livre.

ADYASHANTI: Estar apegado a sentimentos de queda livre ainda é estar apegado. E essa é a causa do sofrimento, pois nem sempre haverá sentimentos agradáveis. Os sentimentos mudam. Ao vê-los, existe um processo de soltá-los. Há um relaxamento espontâneo de agarrar-se até mesmo às experiências maravilhosas. Vamos para além da percepção, para além da máscara do ego e para além da máscara de Buda. Ao afastar a densa máscara que está na frente do vazio e ir além, existe apenas o grande "Ahhhhh".

*   *   *

ALUNO: Quando você fala sobre não ter conceitos ou ilusões e perceber o vazio, parece estar falando de um lugar além do amor. Na minha experiência, esse amor também emerge desse despertar e parece ser como um campo energético entre a ilusão e o vazio. Você vai falar sobre amor e como ele se encaixa no despertar? Como é que com tanto amor dentro de nós, nós, humanos, raramente nos sentimos amados?

ADYASHANTI: O primeiro movimento do vazio é amor. É também o primeiro chamado, que é a mesma coisa, o mesmo amor. Isso conduz a todo esse universo, à criatividade dessa existência e ao nascimento dela. É como se fosse uma mãe. Tudo emerge daquela sensação indescritível de amor e beleza. É a primeira expressão do estado do nada. Nesse sentido, o amor é, com frequência, um portal ou uma passagem para um estado mais verdadeiro, mais profundo. Creio que a razão de os seres humanos não sentirem amor é estarem desconectados de si mesmos, que *é* amor, a fonte de amor. Todo esse mecanismo humano é amor encarnado propriamente, criatividade encarnada. O ego não consegue ver isso. Encontra-se, ele próprio, incapaz de permitir o acolhimento desse tipo de amor. Somente nossa verdadeira natureza pode permitir acolhê-lo sem ser sobrecarregada por ele. É por isso que, com frequência, em comunidades espirituais, o professor não é apenas amado, mas venerado, porque um ego não consegue acolher tanto amor. As pessoas podem até mesmo sentir esse amor em si mesmas, mas como é sentido como sendo demais para o ego, o amor é projetado no professor. Tendemos a projetar nossa própria Verdade, nossa própria beleza, em algum outro lugar. Projetamos nossa própria beleza. Esse é o acordo inconsciente que é feito: "Eu, de algum modo, através da decisão ou ignorância, decido ser um alguém separado. Mas como não sou realmente um alguém separado, tenho que abandonar a minha Verdade. Mas como não consigo me desfazer dela – ela não vai simplesmente desaparecer do universo –, preciso colocá-la em algum outro lugar. Se vou fingir ser este alguém limitado, preciso entregar minha divindade a outro alguém". Então, ela vai para Jesus ou para Buda, ou para o professor espiritual. "Alguém tem que sustentá-la enquanto estou ocupado sendo *eu*." Essa é a projeção.

Creio que, quando existe amor em seu sentido mais verdadeiro, estamos de fato nos apaixonando por nosso próprio

Self. Estamos nos apaixonando por aquilo que nosso ego não consegue sustentar. Quando abandonamos o negócio de ser um alguém separado, estamos retomando nossa verdadeira natureza e nos apossando de nosso *Self* para que possamos realmente olhar o Buda – ou a figura sagrada ou o nosso próprio professor – e saber direta e absolutamente que "Isso sou eu. É a mesma coisa". Só podemos reconhecer isso quando retomamos de verdade essa riqueza inteira para nós e a vemos como nosso próprio *Self*.

Então há um grande amor e apreciação. É isso o que sinto por meu professor. É mais como se fosse "Gratidão por sustentar esta projeção. Gratidão por sustentar minha iluminação enquanto estou ocupado fingindo não ser iluminado. Gratidão por não se agarrar a isto ou se apoderar disso, mas por devolver. Existe tanto amor e gratidão aqui por isso. Gratidão por me mostrar isso".

Existe um ditado no zen: "Quando a percepção é profunda, todo o nosso ser está dançando". É possível ter uma experiência de vazio, mas pode ser o vazio do vazio. Uma frase usada é "um vazio *cool*". Mas quando se experimenta o verdadeiro vazio, seu ser está dançando. Percorre até mesmo o seu corpo físico. Tudo está vivo de novo. Você está dançando – o vazio está dançando. Então entramos mais profundamente nesse amor, nessa dança, nessa alegria. Assim, assenta-se e ainda é amor, dança e alegria, mas assenta-se em algo que é silencioso e muito difuso. Há um amor e um silêncio que simplesmente se aprofundam.

Quando o despertar acontece, o coração tem que se abrir. Creio que, para a percepção ser completa, ela precisa atingir três níveis – cabeça, coração e entranhas –, porque é possível ter uma mente iluminada muito clara, que você conhecerá de forma mais profunda, mas seu ser não estar dançando. Então, quando o coração começa a se abrir, assim como a mente, seu ser começa a dançar. Então, tudo se torna vivo. E quando suas entranhas se abrem, há aquela profunda, profunda estabilidade impenetrável onde essa abertura, que é você, simplesmente morreu na transparência. Torna-se o Absoluto. Você é Isso.

Existe uma expressão: "Vazio sólido". Na mente, o vazio não é tão sólido. É muito parecido com espaço, etéreo, e isso é iluminação no nível da mente. A iluminação no nível do coração é uma vivacidade, uma sensação de que tudo em mim está dançando. A iluminação no nível das entranhas é um vazio similar ao da mente, mas é como uma montanha, uma montanha transparente. Tudo isso são expressões da Verdade no ser humano.

ALUNO: Isso é a coisa mais bonita que já ouvi. Fico pensando nos grupos espirituais que se desviaram do amor e parecem não operar nele. Não têm esse centro e parecem muito secos. Sempre me perguntei como pode haver despertar sem isso.

ADYASHANTI: Como meu professor costumava dizer, "É tão fácil a espiritualidade transformar-se apenas em conversa". Pode haver um certo nível de iluminação mental, de total clareza – um despertar como espaço ou estado de espaço – que pode continuar acontecendo. Mas mesmo com isso pode haver, e com frequência há, formas muito sutis de o *eu* individual se autoproteger. Assim que se chega abaixo do nível do pescoço, a autoproteção torna-se uma questão imensa para muitas pessoas. É uma coisa mudar minha mente, não ter uma mente ou não ser alguém, mas quando isso começa a chegar ao coração, está realmente se aproximando muito de casa. Essa abertura é de outra ordem de intimidade. Creio que isso possa escapar a algumas comunidades espirituais, pois algumas pessoas podem estar bem iluminadas na mente, mas não em outros lugares.

ALUNO: O que me impressiona é o porquê de eu ter sido atraído para você. Alguns professores espirituais podem proporcionar várias experiências e exercícios para entrar em estados alterados e de *samadhi*. Mas o que você realmente acrescenta, que não são todos os professores que conseguem fazer, é a corporificação plena do estado de ser aqui. É onde o amor tem que entrar. Se sua vida espiritual tiver a ver somente com entrar em estados alterados, a gente não tem um estado de ser vivido e achamos que não precisamos dele. Ficamos iludidos pela ideia de que isso é tudo que existe ou que é suficiente.

ADYASHANTI: À medida que o despertar descende, você chega a áreas totalmente diferentes de seu ser que serão percebidas. Ao chegar abaixo do pescoço, você se afunda e se suja – se é que entende o que quero dizer. É como se fosse o tempo espiritual para você colocar suas luvas, e existe muita percepção humana sobre um nível emocional muito profundo exigido para realmente chegar lá. Se estamos presos, como você diz, o estado espiritual pode mesmo ser usado para nos proteger de ter que morrer mais completamente. Os estados espirituais elevados são alguns dos refúgios mais efetivos porque podem parecer muito jubilosos e muito completos. E você fica aí tendo essas experiências surpreendentes, mas ainda chuta seu cachorro ao chegar em casa depois do trabalho.

Diferentes tradições espirituais parecem corporificar aspectos distintos da percepção. O zen corporifica o nível das entranhas. É isso ao que ele visa. No zen, mergulhar profundamente nisso é chamado de A Grande Morte porque existe um soltar total de tudo, até mesmo do apego ao coração. Da mesma forma que podemos nos apegar à iluminação intelectual, também podemos nos apegar à iluminação ligada ao coração – e é por isso que em zen ouve-se muito falar do vazio. Essa é a montanha de vazio, que na verdade é a substância da existência.

Controle

E se você se soltasse de todo o controle e de qualquer impulso que tivesse, até mesmo do impulso infinitesimal de controlar tudo, em qualquer lugar, incluindo tudo que possa estar acontecendo com você neste momento? Imagine-se sendo capaz de abrir mão do controle em todos os níveis, completa e absolutamente. Se fosse capaz de abrir mão do controle total, absoluta e completamente, você seria um ser espiritualmente livre.

Inúmeras pessoas disseram que, quando se chega a um nível muito, muito profundo da criação emocional humana, a emoção primária que mantém os seres humanos separados é o medo. Descobri que isso não é verdade. Creio que a questão fundamental que mantém os seres humanos experienciando a si mesmos como separados é o desejo e a vontade de controlar. O medo surge quando pensamos que não temos nenhum controle. Ou ficamos com medo quando compreendemos que não temos nenhum controle, mas ainda não desistimos do desejo de controlar.

Quando falo sobre controle, refiro-me a tudo. A forma mais óbvia de controle ocorre quando os seres humanos tentam controlar uns aos outros. Se pensarmos em qualquer conversa específica que tenhamos tido hoje, há chances de encontrarmos nela algum elemento de tentativa de controle. Você tentou controlar a mente de alguém para que tal pessoa pudesse compreendê-lo, ouvi-lo ou gostar de você. Isso pode não ser verdadeiro para todas as conversas e pessoas, mas provavelmente se aplica a algumas.

Refiro-me a todas as coisas, desde as formas mais óbvias de controle e poder às formas mais sutis de controle. Nelas tentamos mudar nossa experiência deste exato momento. Uma das perguntas mais comuns que ouço é mais ou menos assim: "Adya, tive algum tipo de despertar espiritual, pelo menos acho que tive, e, embora isso tenha ocorrido, não sinto que esteja totalmente completo. De fato, não sinto que sou totalmente livre. Posso ter despertado para o que sou e quem sou, e isso foi muito belo e profundo, mas, Adya, algo não se completou por inteiro". O que se segue é: "O que eu faço?". Ainda estou para ver um único caso de alguém que viva essa situação e não esteja lidando primariamente com a questão do controle. Nenhuma pessoa, porque todas estão lidando com a condição do controle, a menos que estejam totalmente liberadas do desejo de controlar.

De uma forma muito simplista, a diferença entre as pessoas que tiveram despertares espirituais profundos para sua verdadeira natureza e aquelas que estão realmente liberadas e livres é bem simples: aquelas que estão liberadas e livres se libertaram do controle total e absolutamente. Isso é verdadeiro porque, se você sai do controle, então não pode evitar estar liberado e livre. É como saltar de um edifício. Você não pode evitar a queda; a gravidade o puxa para baixo. Se sair totalmente do controle, vai terminar na autorrealização completa.

Em sua forma mais elementar, o desejo de controle é sentido como se houvesse uma mão apertando suas entranhas. O que você encontra ao ter passado por todas as várias formas de vivenciar o controle é esse punho fechado elementar. Ao aproximar-se desse punho fechado, vai descobrir que ele tem um protetor. O protetor de nossa sensação elementar de controle é a raiva. Normalmente, essa raiva é mais destrutiva do que qualquer sentimento que você se dispõe a admitir que possa sentir. É o protetor máximo do controle, pois se já esteve perto de alguém que está com raiva, você se distancia, a menos que seja tolo. Você pode ser atraído por várias outras coisas: por alguém cuja viagem é a vitimização ou depressão, ou talvez por alguém que seja um algoz ou tenha outros padrões. As pessoas podem ser atraídas para um apego ou armadilha com todos os tipos de padrões emocionais, mas muito poucas se sentem real e verdadeiramente confortáveis ou encontram muito valor em ser atraídas como uma traça para o fogo da raiva. Nesse sentido, ela é um ótimo protetor. Desempenha seu trabalho de forma bastante efetiva.

Muitas pessoas jamais acessam a própria raiva porque bem acima dela está o medo. Em geral, o medo funciona. A maioria das pessoas que está terrivelmente amedrontada vai fugir. Mas as poucas pessoas que atravessam o próprio medo saem dele sentindo como se existisse algo aparentemente muito destrutivo por baixo. E se conseguirem continuar atravessando esse tornado, descobrirão que existe um aperto existencial, normalmente na cova do intestino, que pode sobreviver até mesmo aos despertares espirituais mais profundos. O medo pode ou não sobreviver, e a raiva pode ou não sobreviver. Com frequência, não sobrevivem. Mas esse aperto algumas vezes permanece em sua forma mais elementar.

É por isso que propus que você imaginasse como seria se estivesse totalmente desprovido de qualquer movimento de controle dentro de si, de qualquer desejo de controlar, de quaisquer ideias de controle – seja em um nível muito óbvio ou no nível mais profundo de sua própria experiência. Imagine como seria se o desejo de controlar estivesse absolutamente ausente de seu sistema.

Esse desejo de controlar é, no final das contas, nossa relutância de estar plenamente despertos. Tem uma história maravilhosa contada por Anthony de Mello. Ele foi um padre jesuíta espiritualmente desperto que palestrou e escreveu livros, e que faleceu nos anos 1980. Ele conta a história de uma mãe batendo à porta do quarto de seu filho e dizendo:

— Johnny, você precisa acordar. É hora de ir à escola.

— Não quero acordar — responde Johnny.

A mãe repete:

— Johnny, você tem que acordar.

— Eu estou acordado!

— Johnny, você precisa levantar, sair da cama e ir à escola!

— Não quero sair da cama.

Isso parece familiar?

— Não quero ir pra escola. Estou cansado da escola. Por que tenho que ir pra escola?

— Vou lhe dar três razões — ela responde. — Primeiro, porque está na hora de ir à escola. Segundo, porque tem toda uma escola cheia de alunos que dependem de você. E, terceiro, porque você tem 40 anos e é o diretor da escola.

Isso é similar a vários seres humanos que tiveram um despertar muito profundo. É como se o alarme desligasse, você parasse de sonhar com o seu *eu* ilusório em uma existência ininterrupta e soubesse que, no final das contas, é puro espírito. Você vivenciou isso. Você é como o diretor da escola deitado na cama quando é hora de ir à escola. Você está desperto, mas não concordou em despertar totalmente. Não desistiu do seu controle. Quer ficar na cama, embora tudo o chame para deixá-la. A vida o chama, e o seu último resquício de controle é só dizer "Não. É muito amedrontador lá fora. Não sei se quero sair por aquela porta. Existe toda uma vida nova lá fora. Existe uma forma totalmente diferente de ser. Despertei, mas não estou realmente certo se quero despertar completamente. Pensei que fosse apenas ser capaz de despertar e ainda ficar na cama".

É engraçado que, quando as pessoas realmente chegam a esse lugar específico na própria evolução espiritual, quando têm algum despertar profundo e ainda assim estão realmente lidando com a questão essencial do controle, perguntam com frequência: "Você acha que eu deveria ir a algum lugar, talvez a um mosteiro? Queria poder simplesmente ficar num retiro eternamente; você não acha que é uma boa ideia?". E eu sempre digo que não. É como aquele diretor de escola dizendo: "Não seria melhor simplesmente ficar sentado na cama pelos próximos vinte anos?". Isso vai resolver seu problema? Claro que não! Você precisa se levantar e sair. E para fazer isso, vai ter que sair do controle.

Esse é um movimento muito profundo. É realmente uma mutação no âmago de seu *self* interno. Não é necessariamente uma revelação, uma conquista espiritual ou uma percepção. É uma mutação fundamental na forma de existir – viver livre da vontade de controlar. Ao chegar ao núcleo do controle, muito provavelmente você vai sentir como se fosse morrer. A maioria das pessoas se sente assim, pois em certo sentido você *vai* morrer. Súbita e totalmente, viver não tem mais a ver com controle, mesmo no nível mais fundamental; é uma morte. Para a maioria de nós, toda a nossa vida gira em torno do controle ao atingirmos cerca de 1 ano. É possível ver crianças mesmo de 2 anos tentando controlar a mãe, ordenando e manipulando mamãe e papai. Esse impulso de controlar, esse tipo de sensação biológica de que vou sobreviver se eu puder controlar, começa bem cedo.

Essa é realmente uma transformação fundamental. É por isso que digo que podemos ter uma percepção muito profunda da verdade e, no final, a verdadeira liberdade final não ocorre necessariamente através da realização. Ela acontece por meio de uma entrega profunda no âmago de nosso ser. É claro, a maioria das pessoas vai precisar de uma percepção profunda da própria e verdadeira natureza para ser capaz de se entregar natural e espontaneamente. Mas ela se completa com uma soltura cega e imprevisível do controle. É claro que o que as pessoas me perguntam sobre esse ponto é: "Como eu faço isso?". E tudo que posso dizer é que a própria pergunta é seu controle. Controle é tentar fazer. A pergunta sobre "como" tem sempre a ver com controle. Pode até mesmo ser útil às vezes ter um "como", mas no final das contas, trata-se de controle. Não existe "como". Simplesmente se solte.

* * *

ALUNO: O que você quer dizer com imprevisível?

ADYASHANTI: Significa que, na soltura final do controle, da vontade de controlar, tudo é imprevisível. Essa é a última coisa que queremos encarar, pois tudo é totalmente imprevisível. Em outras palavras, tudo é completamente desconhecido.

ALUNO: E a soltura imprevisível do controle acontece simplesmente estando no desconhecido, e é nesse ponto que está a abertura. Correto?

ADYASHANTI: Você pode estar lá e ainda assim não se soltar. Se estamos realmente descansando em nossa verdadeira natureza, as formas óbvias de controle não estão funcionando. Se estiverem, então não estamos descansando em nossa verdadeira natureza. Não estamos nem próximos. Se estamos obviamente tentando nos controlar e aos outros, estamos totalmente de volta à terra dos sonhos. Mas mesmo se estivermos descansando muito profundamente, é possível, e, em minha experiência com as pessoas, até provável, que esse aperto existencial do controle ainda esteja aí. Isso pode nem mesmo ser notado no momento, mas tem potencial para estar aí.

ALUNO: Há medo nisso.

ADYASHANTI: É o medo da morte. Sim. Porque o soltar se dá vivenciando a morte de nosso *self* separado, e essa é uma morte profunda. Muito profunda. É claro, é uma morte totalmente ilusória.

ALUNO: O soltar acontece quando morremos?

ADYASHANTI: Não, não mesmo. Você pode ter uma morte física e ainda manter o desejo de controle por duzentas mil vidas.

ALUNO: Então soltar o aperto existencial é algo físico?

ADYASHANTI: O aperto existencial é sentido fisicamente, mas é muito mais profundo do que físico. Como um exemplo, imagine que tivesse uma experiência absolutamente convincente de que você, como se vê atualmente, fosse sobreviver totalmente quando seu corpo morresse. Isso não seria uma crença, não seria uma esperança, não seria fé – você simplesmente sabe disso cem por cento. Você ficaria com muito medo de seu corpo ruir e morrer?

ALUNO: Não.

ADYASHANTI: Creio que a maioria dos seres humanos não tenham realmente medo de sua morte física porque, se tivessem a convicção de que não iriam morrer, não iriam se importar de seu corpo morrer. O que eles temem no morrer não é que "meu corpo morre", mas que "eu morro".

ALUNO: Eu como eu me conheço.

ADYASHANTI: Sim, o "eu" morre. E eu, se não achasse que fosse morrer, não me importaria se meu corpo morresse. Mas o fato é que aquele que está com medo da morte é aquele que está segurando. O eu como me conheço, minha personalidade, está em apuros. Foi-se. Mas é uma morte inteiramente ilusória, pois o eu é somente uma coleção de pensamentos familiares. Mas se estou identificado com ele, não parece ser uma morte ilusória, em absoluto, não é?

ALUNO: Então isso aconteceria com o tempo?

ADYASHANTI: Acontece quando o tempo expira. Pode acontecer com o passar do tempo. Pode ser bem súbito ou muito gradual. Existe só uma regra: não existem regras sobre como alguém evolui.

ALUNO: A gente deveria parar de fazer perguntas?

ADYASHANTI: Não, isso também não vai funcionar. É ter controle demais.

ALUNO: Mas quando começamos a fazer perguntas, estamos tentando controlar algo.

ADYASHANTI: Sim. Mas se pararmos de perguntar, também estamos tentando controlar. A melhor coisa que os seres humanos podem fazer por si mesmos é sempre agir absoluta, total e completamente a partir de uma honestidade consigo mesmos, a partir de uma total integridade interna. Se houver uma pergunta que seja muito importante, profunda e muito verdadeira para você, faça-a. Percebe o que estou dizendo? É muito mais importante manter-se fiel à integridade daquilo que está dentro de você do que vendê-la externamente por uma ideia. Manter-se fiel à integridade é o que conduz as pessoas completamente à verdade. Não são muitas que farão isso. Todas elas estão medindo o que está dentro de si com um conceito vindo de fora. Se entender o que eu disse essa noite como se todas as perguntas fossem formas de controle, o que é verdadeiro, e, portanto, parasse de fazer perguntas, seria algo podre, pois você estaria simplesmente se controlando na direção oposta.

ALUNO: A parte de questionar cessa no final?

ADYASHANTI: Sim. Esse é o ponto. A parte de questionar cessa quando o questionador cessa. Tudo que o questionador pergunta é um meio de se pressionar ainda mais.

ALUNO: Para se defender?

ADYASHANTI: Correto. Mesmo quando essa pressão está pedindo por liberação e entrega, ainda está tentando controlar. Está dizendo: "Quero me entregar agora". Portanto, a própria integridade mais profunda de alguém é a coisa mais importante. Meu professor costumava dizer algo que era muito simples, mas muito profundo: "Só os falsos não se iluminam".

ALUNO: Você quer dizer que eles não querem conhecer a verdade?

ADYASHANTI: Não sei se eles não querem conhecer a verdade; simplesmente sei que a maioria das pessoas acha muito difícil manter consigo a verdadeira integridade por um longo período de tempo. Elas continuam desistindo por todos os tipos de razões, ideias e conceitos. Estão seguindo os ensinamentos de quatrocentos livros simultaneamente, fazendo qualquer coisa para evitar o que está realmente acontecendo internamente. Assim que olham para dentro e emergem de sua própria integridade mais profunda, tudo começa a se abrir. Elas podem ter uma tonelada de perguntas. Elas podem de repente não ter perguntas. Não importa. Estas estão emergindo do coração, e as pessoas não a sacrificaram por nada ou ninguém. É aí que tudo é poderoso.

Se olhar para os seres humanos que são vistos como exemplos de pessoas muito despertas espiritualmente ao longo da história, existe algo que sempre se encontra no núcleo deles: são sempre pessoas que mantiveram uma honestidade e uma integridade absolutamente implacáveis com elas mesmas. É bem duro para um ser humano fazer isso, pois normalmente entramos em nossas próprias inseguranças, medos e dúvidas.

ALUNO: Isso significa que é difícil fazer isso na vida diária?

ADYASHANTI: Não. É duro, mas a vida diária realmente não é impedimento. As pessoas foram para templos, mosteiros e ashrams durante milênios. Se olhar para todas as pessoas que fizeram isso, quantas realmente se iluminaram? O índice de sucesso é bem baixo. Mesmo hoje em dia, você pode perguntar a alguém: "Quanto tempo você viveu no ashram, no Japão ou na China, ou no Tibete ou na Índia?" "Fiquei lá durante quinze anos". Bem, você conhece a pergunta básica se estamos falando de espiritualidade, não apenas de religião: "Você conseguiu? Você obteve o que foi buscar? Lembro-me de você dizer que estava indo para lá há quinze anos para se iluminar. Aconteceu?".

Esse é o ponto básico, não é? Ao limpar todas as outras coisas, ou você se iluminou ou não, e, ao perguntar para a maioria das pessoas se elas encontraram a iluminação, a resposta é "Não". Não estou dizendo que não seja proveitoso para algumas pessoas ir para mosteiros, porque claramente pode ser. O que estou dizendo é que neste lugar onde estamos, onde quer que seja, o que quer que estejamos fazendo, quando começamos a soltar essa vontade de controlar, percebemos que realmente não existe melhor lugar para se estar. Nossas desculpas se esgotam.

Você já esgotou suas desculpas em relação a algo em sua vida? Quando suas desculpas se esgotam, de repente você se sente como se estivesse contra a parede. Neste momento, é possível sentir que há uma mudança interna fundamental que é sempre invocada. É por isso que a vida de alguém – do jeito que é, a pessoa deixa de buscar para evitar a mudança – é, na verdade, a avenida perfeita para o próprio desdobramento espiritual. Não importa se estiver bem aqui em Palo

Alto, trabalhando na IBM, ou sendo um monge em um mosteiro, em algum lugar. Não importa onde se encontre e a situação para a qual esteja se movendo, você ainda faz a mesma pergunta fundamental. E não importa o que você esteja fazendo, trata-se do que você está sendo.

ALUNO: Quando você diz que se trata de quem eu sou, o que acontece quando o *eu* cessa, quando percebemos que tudo que conhecemos como *eu* não é realmente permanente?

ADYASHANTI: Você descobre. Quero dizer, você se depara com esse paradoxo surpreendentemente lindo de que não existe mesmo um *eu* e que o *eu* está em todos os lugares, e ambos são verdadeiros simultaneamente. É mais divertido do que possa imaginar. Não existe um *eu*, e a única coisa que existe é um grande *eu* brilhando a partir de todas as coisas. Mas isso é apenas conversa. Também faz parte da integridade jamais se satisfazer com a verdade de qualquer outra pessoa. Você quer conhecer em si mesmo, porque essa é a única forma de conhecer por si mesmo. Descobrir quem você é de forma independente.

Existe um mistério bem aqui, até mesmo no nível da experiência. Mesmo inicialmente é possível saborear, em meio a esse mistério, um tipo de experiência intuitiva de que não há um *self* separado. Você não consegue descobrir quem é, e, no entanto, está aqui, obviamente, pois há uma percepção desse nada. Você pode, na verdade, desde o início ter um gostinho que pessoas que estão sentadas meditando em almofadas pelos últimos vinte anos podem não ter. Elas podem perder algo simples assim. O sabor disso já está com todos. É isso que é surpreendente nisso tudo. Não é algo longínquo.

Soltando

Existe um segredo muito simples para ser feliz. É só soltar suas exigências neste momento. Sempre que você tem uma exigência em algum momento que vá lhe proporcionar ou remover algo, há sofrimento. Suas exigências o mantêm acorrentado ao estado de sonho da mente condicionada. O problema é que, quando há uma exigência, você perde completamente o que é agora.

Soltar aplica-se à exigência sagrada mais elevada, e até mesmo à demanda por amor. Se exigir ser amado de uma forma sutil, mesmo que você receba amor, nunca será suficiente. No próximo momento, a exigência se reafirma e você precisa ser amado novamente. Mas assim que você solta, há um saber naquele instante de que já existe amor aí. A mente tem medo de soltar sua exigência porque pensa que, ao fazer isso, não vai obter o que quer – como se exigir funcionasse. Não é assim que as coisas funcionam. Pare de perseguir a paz e o amor e seu coração se encherá. Pare de tentar ser uma pessoa melhor e você será uma pessoa melhor. Pare de tentar perdoar e o perdão acontecerá. Pare e sossegue.

A percepção súbita está em simplesmente abandonar todas as exigências a respeito deste momento, de si mesmo e dos outros. Tudo que é necessário é apenas soltar por uma fração de segundo. É muito simples se você fizer isso indefinidamente. Mas se tiver um momento transcendente e então começar a exigir de si e do mundo, ficará novamente confuso porque a verdadeira natureza do ser é obscurecida. É como se começasse a procurar a joia que está em seu próprio bolso e insistisse que é um mendigo. Ao deixar de insistir e colocar sua mão de volta no bolso, compreende que há tal plenitude agora, e a plenitude não surge como resultado de alguma coisa.

A beleza do *Self* é que não se trata de adquirir algo, de ser considerado superior ou ser visto ou notado. Trata-se de ser a beleza intrínseca do que se é, essa bem-aventurança interna. Para vivenciar isso a fundo, simplesmente deixe-a penetrar em você, não como uma resposta, mas como uma pergunta.

"Essa bem-aventurança poderia ser o que eu sou? Será que estive enganado durante todo esse tempo ao me definir como merecedor ou não merecedor ou a partir dos papéis sociais que são desempenhados em minha vida? Estive equivocado e deixei de ver a bem-aventurança oculta que está na natureza de todos os seres?"

Essa bem-aventurança parece oculta porque não pode ser tocada, mas não está oculta na essência. Não é notada porque estamos olhando somente para a estrutura da mente, e o que possibilita a estrutura nos passa desapercebido. Nossas estruturas de crença, de descrença, emoções – todas as nossas estruturas internas e externas vêm e vão. Somente o espaço que está desperto permanece. E existe muito mais espaço em você do que estrutura.

A única coisa que não pode ser adquirida é o que você é. Essa é a beleza disso tudo. É possível adquirir tudo, menos Deus. Não se pode adquirir Deus. Tudo que pode fazer é parar de mentir e compreender que você é Deus. Isso foi dramatizado no passado como a morte do ego, que é dar-lhe tanto drama a ponto de torná-lo ridículo. O ego é simplesmente aquele movimento da mente que está sempre tentando adquirir alguma coisa – amor ou Deus, dinheiro ou um novo brinquedo. Está sempre achando que algo vai fazê-lo feliz.

A única coisa que o ego não pode adquirir é a verdadeira natureza do que você é. Ele pode obter centenas de milhares de experiências espirituais, mas não pode obter quem você é. A essência deste momento não pode ser obtida porque é a única coisa que está acontecendo. É por isso que enxergar tudo isso é chamado de percepção. Você está compreendendo o que sempre é, sempre foi e sempre será. Qualquer pessoa que tenha tido um vislumbre de despertar acha isso um choque, pois percebe que sempre teve o que esteve tentando adquirir por toda a sua vida.

É como ser um morador de rua que encontra uma joia no bolso. Talvez ele não tivesse tido tempo de colocar a mão em seu próprio bolso porque esteve sempre colocando a mão no bolso de outras pessoas. Isso acontece espiritualmente quando colocamos nossa mente ou mãos no bolso do guru. Notamos o diamante no bolso do outro e adoramos estar com ele. Isso só é válido se ouvirmos o ponto que diz, "Olhe em seu bolso também. Olhe para dentro de si e veja se não vê exatamente a mesma pedra preciosa".

É preciso estar pronto. É preciso ter uma prontidão para pôr fim ao jogo de colocar sua mão no bolso de outra pessoa. Do contrário, pode olhar diretamente para aquela parte de seu ser agora e dizer: "Ah, que legal", mas vai continuar procurando o diamante do outro. Encontro inúmeras pessoas que percebem quem são até certo ponto, e ainda assim não estão prontas para parar. Você precisa estar disposto a parar de desempenhar seu papel familiar. Seja buscando amor, dinheiro ou a iluminação propriamente, isso se torna a sua identidade e como você sabe quem é neste mundo. Se não estiver pronto para desistir disso, mesmo ao encontrar a joia mais preciosa de ser, irá sacrificar essa joia preciosa pelo velho sentimento familiar.

Quantas pessoas permaneceram mais tempo em um relacionamento roto, sabendo que não funcionava mais, mas sem saber quem seriam se saíssem dele? Essa tendência opera em todos os aspectos da vida, com pensamentos como "Vou ficar neste trabalho – eu o detesto, mas vou mantê-lo". Ou então, "Sou eu que continuo buscando algo; o que faria se não estivesse fazendo isto?". Esse é um jogo bem generalizado que os seres humanos jogam para evitar entrar em seu verdadeiro *self*. Você é um mistério incrível que jamais irá compreender. Ser esse mistério conscientemente é a alegria maior.

Estar pronto para descer da roda do tornar-se é tão importante quanto compreender quem e o que você é. Você estará feliz e liberado, mas seu jogo vai acabar. Por certo tempo, você poderá não saber como conversar com as pessoas ou o que fazer, e sua vida poderá se tornar pouco familiar. Essa é uma forma muito misteriosa de ser. Meu professor costumava dizer que, ao realmente compreender o que você é, acaba parecido com um bebê Buda. Você simplesmente não sai do útero sabendo o que ser já que esteve tão ocupado sendo outra pessoa. É como dar seus primeiros passos vacilantes. Mas é preciso estar disposto a ser vacilante e ter certa insegurança, pois, se não estiver disposto a ser inseguro, vai retornar diretamente às velhas formas de autoproteção e busca.

É muito estranho amar o que se é. É normal amar algumas coisas e não outras. Mas ao ter essa nova experiência de amar apenas o que se é, isso também soa estranhamente familiar. É como a sensação de saber que sempre foi dessa forma. Parece muito antigo, no entanto, também recém-nascido.

Em tempos passados, existiam os mosteiros – instituições socialmente reconhecidas onde os bebês-Buda podiam descobrir suas pernas. Eram lugares protegidos onde as pessoas percebiam o que estava acontecendo. Hoje, muitos seres estão despertando, mais do que podemos jogar nos mosteiros. Está ficando fora de controle. E parte desse estar fora de controle é não ter comunidades coesas, protegidas, sagradas, para apoiar esse novo estado e para dizer-lhe para não se preocupar porque, com o tempo, tudo ficará claro. Em nossas sociedades, logo após o despertar do ser sagrado recém-nascido, o alarme toca às sete da manhã e é hora de ir trabalhar. Isso é um pouco desorientador. Porém, é como é. É o que temos. Por isso é importante ter uma disposição para deixar ser como é. E de novo, nada oculta a percepção tão rapidamente quanto tentar compreendê-la.

É poderoso experienciar a percepção de nosso estado de ser e então ser capaz de vivenciá-lo cada vez mais profundamente. Existe um amadurecimento natural de como essa percepção funciona no mundo do tempo e espaço, mas isso não se apresenta de imediato. O que é necessário é a total confiança nesse amadurecimento, assim como confiamos que os bebês se tornam crianças, e as crianças se tornam adolescentes, e os adolescentes, adultos.

Compaixão

Existem dois tipos distintos de sofrimento. O primeiro é a dor natural. É a dor de se estar com fome, de estar fisicamente ameaçado ou em um estado natural de sofrimento psicológico que ocorre quando se perde um ente querido. Esses são tipos inevitáveis de sofrimento. É fácil falar de compaixão nesse nível. Se as pessoas estão com fome, precisam de alimento; se estão sofrendo psicologicamente, às vezes precisam de espaço para o desdobramento desse sofrimento. Oferecer esse espaço pode ser um ato muito profundo de compaixão, seja dado de um a outro ou a si mesmo. Chamo esse nível básico de sofrimento simplesmente de "dor", e ela pode ser satisfeita de formas práticas. Mestre Eckhart tinha uma forma linda de colocar isto: se você estiver em um estado de arrebatamento, meditando, e seu vizinho estiver com fome e precisar de um prato de sopa, seria muito mais aprazível a Deus dar a sopa a seu vizinho do que permanecer no arrebatamento.

Há alegria nesses movimentos simples de compaixão. Quando não estamos despertos para a nossa verdadeira natureza, podemos fazer tais coisas a partir de alguma ideia de compaixão. Mas quando tocamos literalmente nossa verdadeira natureza, descobrimos que ela encontra alegria em satisfazer momentos de necessidade. Quando a natureza altruísta do *Self* é despertada, descobrimos que essa natureza não busca evitar. Ponto.

O segundo tipo de sofrimento – os outros 95% a 99% – é o sofrimento psicológico criado pelos estados internos de divisão. Esse tipo de sofrimento acontece porque não conhecemos nossa verdadeira natureza interna. O marco de conhecer sua verdadeira natureza plenamente é não estar dividido. Isso não significa que, uma vez iluminado, você jamais irá experienciar fome, ou se um ente querido falecer, não sentirá pesar. Poderá vivenciar estados de mente que são desagradáveis, mas o que não irá sentir é a fissura interior que torna a tristeza inicial muito, muito maior. Essa é outra camada de sofrimento que é adicionada à dor inevitável.

O verdadeiro *Self* não pode ser dividido, mas o *self* imaginário pode ser dividido muito facilmente. A maioria do sofrimento surge desse *self* dividido, que existe somente em sua mente. Só por existir em sua mente e você acreditar nele, ele envia sinais para o resto do corpo que, então, tem uma experiência emocional, traumática e dividida. No budismo fala-se da roda do sofrimento, chamada de roda de *samsara*, que é o sofrimento proveniente do interior dessa fratura, desse falso senso de *self*. Quando ele emerge, é cíclico, mecânico e impessoal. Acontece quer você queira ou não. Está associado ao mundo porque o mundo, de modo geral, opera na roda de *samsara*.

Samsara é um desdobramento completamente mecânico do condicionamento. Alguém é ativado e ativa outras cinco pessoas, e cada uma delas, por sua vez, ativa outras cinco, e assim sucessivamente, como os raios de uma roda, até que várias são afetadas. Descer dessa roda de *samsara* significa despertar para o fato de que a única coisa que realmente existe na roda é um mal-entendido – a ideia de que eu sou este ser com tais sentimentos e problemas. Chamamos de *samsara* porque, de fato, não é real. Só existe entre suas orelhas. Em nossa cultura, transformamos o sofrimento de *samsara* em algo nobre. É quase um sacrilégio imaginar que quem você é não é um problema a ser solucionado. Nunca é esperado que realmente saltemos dessa roda de sofrimento e despertemos do transe do *eu*.

Imagine que você vai visitar uma terra de marcianos e vê que cada marciano tem dentro de sua mente um senso individualizado de *self*, com a própria linha de história do *eu*. Mas você percebe claramente que nenhuma dessas histórias é verdadeira. Você percebe que eles poderiam tirar toda aquela história – tudo, tudo, tudo – e ficariam bem, pois é a luz da consciência que na verdade está vivendo a vida, e as histórias estão simplesmente pegando essa luz e fragmentando-a. Todo ser é essa luz de consciência, mas todos acreditam que suas histórias são quem eles realmente são. É insano. Mas, obviamente, as pessoas acham normal ficar presas às suas histórias porque existe um acordo coletivo de que isso é normal. A insanidade egoica é vista como normal.

Você não é nenhuma das histórias nas quais acreditava sobre si mesmo. O que você é, de fato, é a ausência de histórias. É por isso que Buda dizia, "O *self* não existe". No vernáculo moderno, ele poderia ter despertado e dito: "Não existe nenhuma história sobre 'mim'. Seu senso de um *self* separado, isolado, é a fonte de todas as lutas. Você tem que lutar porque está prestando atenção a um conglomerado de imagens e crenças. Está brigando para manter aquele senso de *self* separado, mesmo quando está se esforçando para se desfazer dele. Quando você para de lutar, percebe que não existe um *self* separado. Na verdade, não existe um *self* ali. Esse senso de *self* não é um nome, mas é, de fato, um verbo chamado lutar, e, ao lutar, você sofre.

Por que os humanos brigam? Se não existisse nada nisso para você, você não lutaria. É importante entender isso, pois seres humanos espirituais tendem a se perguntar: "Por que não posso simplesmente me soltar disso?". Você se agarra a isso porque recebe alguns benefícios percebidos – precisa ter essa experiência de ser eu. Não é cem por cento terrível, e é possível obter certa sensação de satisfação. Para o senso de *self* vinculado ao tempo, pode haver algumas experiências temporárias maravilhosas. Existem várias experiências que um senso separado de *self* vê como muito positivas. Por exemplo, você vai à casa de seus vizinhos, ganha no jogo de carta e sente-se muito melhor ao sair. Ou ganha no mercado de ações durante um ano, sente-se rico e no topo do mundo e, no ano seguinte, isso acaba. Ou vai ao terapeuta ou professor espiritual, começa a pensar que está progredindo e tem uma sensação de estar melhorando. Mas essa é uma alegria falsa, não real. Alegria falsa é um transe, uma decepção egoica.

A liberdade, e certamente a iluminação, tem tudo a ver com morrer para o que se é. É muito simples. A iluminação nada mais é do que a completa ausência de resistência ao que se é. Fim da história. Que liberdade maior poderia haver do que o fim de toda e qualquer resistência e luta? Mas, para desistir de brigar contra o que se é, não pode haver qualquer apego à autoimagem, a pontos de vista, a ideias ou a identidades. Isso é muito importante porque as pessoas espirituais com frequência querem abrir mão de seu senso de identidade, mas se agarram a seus pontos de vista, a como veem o mundo. No entanto, não conseguem arrastar tudo isso junto com elas na iluminação porque a iluminação não tem nenhum ponto de vista. Não tem cronograma. Não tem nenhuma grande exigência em relação ao mundo, ao *self* ou ao outro. Não tem centro. É simplesmente amor.

O *eu* imaginário tem um centro. Sente que tudo está acontecendo consigo. "Eu sou o enredo principal no drama do universo." O *eu* imaginário desempenha o papel principal em cada segundo de sua existência, mesmo ao sonhar. É isso que quero dizer com centro. Tudo está relacionado a ele, que acredita que tudo o que acontece é pessoal.

Mas a verdade é que não existe um centro, e tudo está simplesmente acontecendo. Existem vários pontos circulando na consciência, mas não existem centros. Ainda pode haver um ponto de foco em cada corpo individual, mas isso é diferente de pensar que o ponto de foco é o centro de tudo. Você se lembra de quando a ciência acreditava que a Terra era o centro do universo e que tudo girava ao seu redor? Acreditamos que tudo na vida gira ao nosso redor da mesma forma.

Você se lembra de quando sua ideia de compaixão era juntar-se à história ilusória de alguém em relação ao que estava acontecendo? Você sentiu: "Tenho que apoiar sua história ilusória para que você apoie a minha, e então vamos realmente nos sentir conectados e próximos". Mas o nível de compaixão a que me refiro significa outra coisa. Essa compaixão significa uma devoção à Verdade. E o primeiro movimento dessa compaixão tem que ser rumo a si mesmo. O mundo está cheio de pessoas que querem ser compassivas com todas as outras e salvar o mundo. Mas não querem levar isso para si mesmas porque isso vai tirar o centro. Esse é o ato compassivo máximo: remover o centro. Então existe somente liberdade – a liberdade do estado desperto, a liberdade de ser o que já se é, que é espírito, em vez da encarnação viva de uma história. Assim, essa devoção à Verdade torna-se um movimento de compaixão não só para nós, mas também para os outros, e começamos a ver que o que fazemos para nós fazemos automaticamente aos outros.

Ao despertar de sua história, adivinhe só o que você percebe sobre os demais? Eles não são suas histórias. São espírito também. E esse espírito é totalmente independente de suas histórias e de sua história sobre eles. Assim, você perde não só seu centro, mas o centro deles, aquela caixa em que você iria colocá-los. Vê que eles são a mesma coisa. É por isso que se diz que a iluminação jamais é uma questão pessoal. Você não consegue compreender que é iluminado e ainda acreditar que os outros não são. Não é possível ver sua verdadeira natureza sem ver a verdadeira natureza de todas as coisas. É literalmente impossível. Esse é um tremendo ato de compaixão, um ato de amor.

Não há nada que gere mais entrega do que um ato de amor. A compaixão naturalmente traz entrega. Mas enquanto estivermos nos entregando só para ganhar algo, isso não é entrega. Isso é a paixão espiritual de alguém – entregar-se a tudo, mas esperar iluminação total e bem-aventurada em retorno. Isso é como se você dissesse, "Vou te dar um dólar se você me der um milhão em retorno". A verdadeira entrega é mais como dizer, "Por favor, me alivie do meu dólar. Realmente não o quero nem preciso dele. Quero vivenciar a alegria de não o ter".

Entregar é desistir de nossa história sobre nós mesmos, mesmo da nossa história sobre quão iluminados somos. Vemos que nossa história não contém nenhuma verdade. Não podemos arrumá-la para torná-la verdadeira. Não podemos transformar uma ficção em verdade. Podemos torná-la melhor ou pior, mas ainda é uma ficção. Começar a ver que nossa história é ficção, cada vez mais – isso é o despertar. "Meu Deus, foi uma ficção!" Isso é liberdade. Para o ego ou para o *eu* imaginado, ver isso é terrível, pois ele ainda está interessado na ficção. Mas para a consciência, compreender que tudo é uma ficção é a maior liberdade. Então começamos a ver o que é verdadeiro.

Quando a consciência se retira de qualquer ficção sobre o *self*, sobre a vida ou sobre outros, o que permanece é a verdade. Não se pode dizer algo sobre o que é porque isso se torna uma ideia. Mas ver, perceber e experienciar a vida sem qualquer história, de forma que o *eu* caia do centro, é de fato o maior ato de compaixão que você pode fazer por si e pelos outros, porque então estará desprovida do *self*. Estar desprovida do *self* é, na verdade, algo literal, é ser sem um centro, sem uma história; não é a imagem que a mente sustenta de ser desprovida de *self*, que é uma ideia romantizada de autossacrifício. Ser desprovida de *self* é ser *sem* um *self*.

Não ter um centro não é, em absoluto, o que a mente pensa ser. Perceber que você já não tem um centro é perceber um amor muito profundo e permanente, um amor que é inerente – que não é produzido. É um amor sem causa. Não há razão para se estar em paz, mas você está. Mesmo quando não há nenhuma razão para se sentir bem ou estar feliz, você ainda está em paz. O amor sempre busca o alívio do sofrimento, não minimizando a história, mas minimizando o contador da história, que é a ilusão do *eu*.

Note que, ao chegar ao agora, o momento presente é tremendamente simples. Você perde todos os seus cronogramas ao estar em algum outro lugar, ser alguma coisa ou de chegar a algum lugar. O momento presente é totalmente adequado. Você sabe que não é um problema a ser solucionado, nem seu vizinho ou o mundo. Isso é revolucionário para esse estado atual da consciência humana. Você consegue imaginar se realmente acolhesse o fato de não ser um problema a ser resolvido de nenhuma forma? Imagine se você soubesse que tudo o que lhe diz o contrário é apenas um movimento do pensamento na mente que diz, "O que for, é; não é do jeito que deveria ser". Por isso, o maior ato de compaixão começa internamente. E quando o *self* não é mais visto como um problema, isso é chamado de "a paz que ultrapassa todo entendimento".

Até que você consiga enxergar, literalmente, que todos são Buda, você não está vendo as coisas do jeito que são. Madre Teresa disse uma vez que, quando ela está cuidando de doentes e famintos, ela está cuidando de Jesus em cada um. Isso não é uma trivialidade espiritual. É a realidade concreta, real. O verdadeiro Cristo está em cada ser. É o mesmo que dizer que Buda está em cada um. E a única coisa que pode perceber isso é o Cristo dentro de si. Somente o Buda interno percebe o Buda. Somente a Unidade interna pode perceber a Unidade. O *eu* jamais perceberá a Unidade.

Todos transmitem sua própria percepção, assim como uma estação de rádio emite sinais 24 horas por dia. E todos a recebem. Ao compreender que sua verdadeira natureza já é livre, que ela é inerentemente vazia de imagem e que é puro espírito e presença, verá que é o que todos são. Sem mesmo pensar sobre isso, irá transmiti-la. Se acreditar que todos são separados, enviará esse sinal, não importa o que fizer.

Com essa liberdade você começa a compreender que não há interno e externo, porque tudo é um, e essa visão é mais poderosa do que qualquer coisa que eu possa dizer. Garanto que um ser que vê Buda em você vale mais do que ler dez mil livros sobre Buda. Um ser que realmente sabe que existe somente Buda e que nada mais está acontecendo tem um efeito mais poderoso do que qualquer outra coisa.

O sentimento mais profundo de uma compaixão que não busca alterar nada, paradoxalmente, altera tudo. Quando você percebe intimamente que não está buscando alterar nada, significa que atingiu a não resistência absoluta, e isso altera sua percepção de tudo. Quando seu condicionamento alcança esse íntimo, que não é condicionado, isso altera seu condicionamento para sempre. Essa é a sagrada alquimia, e isso é compaixão.

* * *

ALUNO: O apego à identidade é traumático para todos?

ADYASHANTI: Ligue sua televisão ou ouça seu vizinho. É sempre traumático, um desastre, enquanto o condicionamento for considerado quem você é. Não significa que o senso de identidade seja inerentemente traumático. É a contração secundária que faz com que seja vivenciado como traumática. Abra o jornal. Essa é a história do *eu* individual, o que ele faz todos os dias. É pura insanidade.

É tão mais importante estar ligado à verdade do que querer se livrar da identidade. Não se pode estar focado em sua identidade e se desfazer dela ao mesmo tempo. Aprenda a discriminar o que é real do que não é real. A maioria das pessoas, quando esse senso de *eu* emerge, move-se tão rapidamente, seja para desfazer-se dele ou para entregar-se a ele, que nem mesmo percebe o que é verdadeiro.

ALUNO: Como é para você?

ADYASHANTI: A verdade é o mais interessante para mim. É a única coisa que é interessante. É sempre fresca. Tudo o mais é uma chatice ultrajante. Para mim, a única coisa que está acontecendo é a verdade. Só existe uma coisa acontecendo, e é sempre Buda, sempre o Uno. O interesse lhe permite discriminar o que é verdadeiro do que não é verdadeiro. Isso é muito diferente de tentar buscar um resultado. Quando não se está tentando obter um resultado, torna-se muito interessante ver o que é verdadeiro e o que é falso.

O cérebro e a mente oferecem uma caixa com ferramentas que são ótimas para perceber coisas práticas. Mas qualquer pensamento fora da caixa de ferramentas-mente é uma história que não tem nenhuma verdade. Não tem nenhuma realidade objetiva. Tudo o que está acontecendo entre as orelhas não é verdade; é apenas uma história. O que é você sem a sua história?

Na terra da divisão, sempre há algo para se saber. Mas na iluminação, não existe nada para se saber. A iluminação é, na verdade, um processo de deixar de saber. Ao deixar de saber tudo na mente, não resta nada a não ser a Verdade. Esse tipo de saber não pode nem mesmo ser dito, pois, se for, a mente se agarra a isso imediatamente e transforma em seu próprio conhecimento mental, que nada mais é do que uma representação simbólica. A verdade jamais pode ser encontrada em uma representação simbólica porque ela não é algo real. Quando compreendemos isso, eliminamos muito tempo perdido gasto em procurar a Verdade na mente.

O Fogo da Verdade

Ao ouvir profundamente, sentir intimamente e se permitir vivenciar este momento exatamente como ele é, os corpos emocional e energético se suavizam. Tire agora alguns minutos somente para ouvir e perceba o que está acontecendo ao seu redor. À medida que for reconhecendo os sons, vá também se conscientizando das fragrâncias e sentindo o espaço ao seu redor, dentro e fora de seu ambiente, de forma que a sensação de sentir não esteja confinada à pele e aos ossos. Dê a si mesmo uma oportunidade de se abrir ao ambiente sonoro e à sensação de espaço fora de seu corpo.

Note que quanto mais relaxar, mais esses sons e experiências penetram e fluem por você sem defesas. Você vai se sentir suavizando e se abrindo. Convide-se para essa abertura. É possível que você descubra que a sensação de uma barreira entre o mundo externo e o que está acontecendo sob sua pele se torna muito transparente, ou que você sinta como se não conseguisse encontrar o limite entre dentro e fora. Experiências de barulhos externos e o que está acontecendo em seu corpo passam a ter a mesma qualidade. Um sentimento em seu corpo não é realmente diferente do som de um carro passando ou de um pássaro nas árvores. Um sentimento em seu corpo não é realmente mais seu do que o sentimento de espaço no ambiente onde você está sentado. Note que, se começar a tomar para si cada experiência, começará a dividir o mundo em interno e externo, meu e deles, um som externo e eu.

Mas tudo é essencialmente experiência, interna ou externa, é tudo a mesma coisa. Não é meu nem é diferente do meu.

A presença do silêncio abre o corpo e o encharca como uma esponja, se você permitir. Um entendimento silencioso acontece não em palavras, mas é a experiência direta do que é. Permita-se a grande dádiva de não buscar experiências alternativas. Sem pensar a respeito, sem o movimento de um único pensamento, o que é que vivencia isso? O que é que vivencia?

Reconheça que não existe nada que vivencia este momento, mas mesmo esse nada é conhecido e vivenciado. Existe algo misterioso que sabe, algo misterioso que experiencia este momento, embora não se possa dizer o que é, porque ao dizer o que é, não é. É mais próximo, mais imediato. Ao pensar sobre isso, vê-se que não é aquele pensamento. É anterior ao pensamento. Nenhuma descrição é necessária, portanto descanse à margem, no precipício, na experiência direta, sentindo diretamente como se você não existisse e, no entanto, sabendo que existe.

Um pensamento sobre esse mistério separa céu e inferno. O pensamento rasga a unidade em pedaços para que seja analisada pela mente. Mas o silêncio unifica. A experiência deste momento é presente, embora inapreensível; conhecida, mas não definida. Aquilo que está desperto não pode ser apreendido. É possível sacrificar aquela velha tentativa de definir e apreender, e, ao contrário, simplesmente soltar. Talvez você não seja você no final das contas. Talvez você seja isso que está desperto no exato momento da experiência. Encontre uma disposição de ser isso, e não de conhecer. À medida que o corpo se abre, os sons ainda fluem pelo silêncio. O que em você se conhece como silêncio? Isso é indefinível. Se perder seu caminho, ouça novamente os sons. Eles apontarão novamente para o silêncio que, por sua vez, irá apontar para aquilo que conhece tanto o silêncio quanto o som. Não se perca em pensamentos ou irá desperdiçar sua vida. Simplesmente relaxe, relaxe e relaxe. É o ato mais simples de fé e confiança.

Esse despertar que está desperto dentro de você conhece a si mesmo. A mente não o conhece, o corpo não o conhece, e as emoções não o conhecem. Esse estado desperto conhece a si mesmo somente como si mesmo. Essa verdade é simples, além de toda compreensão. É imediata, anterior a toda busca. Está sempre presente, revelando a si mesmo como cada faceta única desta experiência, bem agora.

Temos sempre duas escolhas. Uma é a familiar: sacrificar esse despertar misterioso por qualquer outra coisa. A segunda escolha é não sacrificar aquilo que está desperto e presente, onde quer que estejamos. É possível escolher não sacrificar isso pela promessa seguinte de um momento melhor, de um evento melhor ou de uma experiência melhor. Essa é sua escolha – ser verdadeiro para o que é verdadeiro ou não. E esse é o Fogo da Verdade. Aquilo que está desperto agora, como você, em você, revela a irrelevância absoluta de qualquer outro argumento, seja qual for. Aquilo que está desperto para si mesmo torna irrelevante tudo o que não é verdadeiro. Esse silêncio queima o apego a qualquer outra coisa e libera a vida que você é para vivê-la sem negociação. Sinta o convite visceral imediato daquilo que está desperto para renunciar a tudo mais. Esse convite lhe pede para que pare de barganhar com a vida, com o momento, consigo mesmo, com seu professor, seu amigo, seu colega. Simplesmente pare. Esse fogo é invisível e desconhecido e, no entanto, queima tudo a não ser ele próprio. Esse despertar, que está agora no centro de toda essa experiência de ser, é esse fogo!

Cada um escolhe ao que quer dedicar sua vida. Talvez essa escolha não tivesse sido descoberta antes, ou talvez essa escolha nunca tenha sido consciente. Mas agora é. O que é importante para você? A que você vai dedicar sua alma? Não me importo com a escolha que você faça, e Deus não se importa com sua escolha. Mas você se importa, e você é a única pessoa que importa.

Aquilo que está desperto em você ouve os sons e nota os sinais que aparecem quando você abre os olhos. Não se perca em sinais, sons e sentimentos. Abra-se a eles plenamente, mas não se mova. Permaneça em silêncio e no estado desperto. Essa escolha momento a momento é o Fogo da Verdade. Ele não deixa dramas em seu despertar. Deixa algo indizível que é mais satisfatório do que alegria, paz ou empolgação. A qualquer momento, se você trair aquilo que é desperto, esteja consciente e desperto para aquilo que está traindo. Certifique-se de que a barganha é o que você quer que seja. Ou, por alguma graça, por um pouco sorte, você poderá compreender que nada em você quer mais trair isso que está desperto, nem mesmo por segurança ou pela boa opinião de terceiros. Compreender isso é uma graça verdadeira.

É muito simples. Em apenas um minuto você ganha uma vida livre de negociação e barganha. É isso que o Fogo da Verdade remove: sua negociação e sua barganha com o que é, o desejo de que alguém ou alguma coisa mude. Você compreende que nenhuma mudança, nem mesmo as mudanças em si mesmo, o farão mais feliz. Para receber essa dádiva plenamente, a compreensão deve ser estendida a todos e a tudo, em todos os lugares. Aquilo que está desperto não quer que ninguém mude ou melhore, em absoluto. Esse é o fogo. Essa é a cinza do fogo. Você percebe: "Há um minuto, eu queria que você mudasse, mas agora não quero. Está tudo bem com você. Está tudo bem com todo mundo, e tudo está bem". O que houve? Ninguém mudou e ninguém se encaixou em seu padrão, porém existe uma felicidade aí que ficou mais bela porque eles não mudaram. Ficou mais bela por causa da diversidade de seres e de vida. Isso que está desperto é o mesmo para cada um de nós. E tudo o mais é uma bela, maravilhosa expressão da diversidade.

A partir do momento em que quero que você mude ou você quer que eu mude, uma adaga é enfiada no coração de nossa existência. Você sente isso de imediato, pessoal e intimamente. É isso que o Fogo da Verdade retira de suas mãos. Misteriosamente, nessa liberação, a energia transformacional é liberada. Tudo é transformado – não só nós mesmos, mas todos ao nosso redor. O Fogo da Verdade o transforma até nas células de seu corpo. Não que você se importe ou planeje isso. Simplesmente acontece porque você não planejou. Assim que nos importamos, a energia transformacional é reenquadrada, e assim que a mente tenta colocar essa verdade na caixa, entendê-la com seus próprios conceitos é como jogar uma pesada pedra em um espelho. A experiência é despedaçada, e no mesmo instante você sente a tensão em sua mente e corpo. Essa transformação exige a humildade mais profunda, sem nenhuma sensação de ser humilde.

Por isso, meu convite é não olhar para além do olhar e não se afastar daquilo que nota. Não se aprimore além daquilo que já é inteiro. E retribua o favor. Essa é a salvação do mundo. Retribuir o favor e vê-lo aí. Onde quer que seja – à sua esquerda, à sua direita, atrás de você, de cabeça para baixo, sob seus pés. Veja a inteireza aí. Essa é a transformação de tudo. Se não vir inteireza em tudo ao seu redor, temos apenas a continuação da ignorância, a continuação da violência. Não sacrifique o que está desperto. Não o descarte da existência. Não o barganhe para a periferia de sua vida.

* * *

ALUNO: Quando assisto ao noticiário, sinto tal argumento, um reestabelecimento de um ponto de vista. Como posso sustentar essa verdade diante dos problemas do mundo?

ADYASHANTI: As palavras são uma parte tão pequena do que está acontecendo. A Verdade não pode ser colocada em palavras. É realmente algo que é silencioso e não pode ser explicado. Assim, também dentro de nós, aquilo que é muito poderoso e transformador afeta o mundo de uma forma que nossas palavras não podem fazê-lo. E não importa quais sejam nossas palavras, mesmo que digamos, "Paz, paz, paz, paz mundial" ou "Alimente os famintos, alimente os pobres" – se essa guerra está fervilhando dentro de nós, com cada palavra de paz, o que está sendo transmitido é conflito, conflito, conflito. Mesmo que as palavras não digam conflito, é inevitável. Quem nós somos é o que transmitimos. Isso é muito importante.

Acho que os seres humanos têm pavor à unidade, porque nessa unidade não há ninguém separado da unidade que vai decidir ou ditar como essa unidade atua. E o ego sabe que na unidade ele acaba. Não desempenha nenhum papel. Nenhum. *Foi*. E o ego diz, "Vai ficar tudo bem? Eu vou só desaparecer dentro do meu armário e não me importar com ninguém ou com nada? Vou ficar apenas sentado, sabendo que tudo é a vontade de Deus?". Quem sabe? Se a unidade o quiser sentado no armário, é isso que você fará. Se não quiser que você se envolva, é exatamente isso que vai acontecer. Se não quiser que se envolva, você ainda terá a capacidade de estar profundamente envolvido no que for.

Os seres humanos vêm da separação, não da unidade, em 99% das atividades que desempenham, quer pensem que estão fazendo algo bom ou mau. Quando se vem da separação, isto é tudo que se é transmitido. Quando se vem da unidade, você ainda pode ser chamado e ser atraído a fazer as mesmas coisas que era chamado a fazer quando estava preso na separação. A atividade pode parecer muito similar. Você ainda pode escrever aos parlamentares ou voar pelo mundo, mas é bem diferente quando isso é feito a partir da unidade. E quando é, você sabe que é porque sua sensação é de "Nem mesmo sei por que estou fazendo isso". Isso significa que não há mais nenhum conflito que o motive. Por isso, você não pode inventar uma razão, porque tudo está bem. Ainda assim, a partir disso, algo se move. A mente não consegue entender por que algo iria se mover se tudo está bem. É então que você sabe que está se movendo a partir da unidade. Você está se movendo a partir da sensação de que o mundo está bem. O mundo não precisa de você, de sua mensagem ou de qualquer coisa que faça, mas você está simplesmente se movendo ou sendo movido para fazer o que faz.

Misteriosamente, esse movimento não ocorre por uma razão. É apenas a forma que a vida se move através de você. Você pode ser um cara ou uma garota tipo Gandhi, que é movido a realizar algum tipo de ação. Ou pode ser como Ramana e dizer "Tudo é a vontade de Deus, então por que se envolver?".

A mente sempre quer dizer "Qual deles está certo?". E normalmente você escolhe com base em suas ideias pré-concebidas de qual escolha é certa ou boa para o mundo. Isso é uma decepção. A mente não sabe. Assim como a vida pode ser um carvalho, uma lagoa, uma rocha, um lago ou um carro, pode ser uma vida muito ativa ou muito passiva, tudo isso vindo da mesma fonte. Você sente isso?

ALUNO: Sinto. É como se houvesse um poder dentro. E quando o ouvi dizer "Está tudo bem", havia uma sensação em mim de que está tudo bem, havendo movimento ou não, porque existe paz e aceitação.

ADYASHANTI: Então a vida está se movendo a partir de seus próprios ditames, não de um eu se movendo a partir de uma pauta. São bem diferentes. Ao olhar para a mudança que pode ocorrer, pode-se ver uma pessoa inspirando milhares e dezenas de milhares. Uma pessoa (Gandhi) com uma visão única *chutou* a mais poderosa nação do mundo para fora da Índia; na verdade, convenceu-os a sair. A violência não poderia ter feito aquilo. "Vocês são podres, não deveriam estar aqui" não teria feito o que ele fez. Os ingleses ainda estariam lá. Mas existe muito poder em se ver essa Verdade. A atividade fluindo da verdade tem esse potencial. Qualquer outra motivação para o movimento, para a ação, é violenta.

Acho que uma grande prática espiritual é ligar a TV e ouvir o cara que você mais odeia, aquele que mais o ativa. Quando puder ver Deus nele, você está compreendendo. Se tiver que desligar a TV toda vez que vir o indivíduo, e ele ativar sua raiva ao extremo, você tem muito trabalho de despertar a fazer.

Iluminação

Ao longo de anos palestrando e conversando com indivíduos sobre liberdade, iluminação e liberação, descobri que a maioria das pessoas que buscam iluminação ou liberação não têm ideia do que isso seja. É irônico que despendam tanta energia, mesmo sacrificando suas vidas em alguns casos, trancafiando-se em mosteiros ou participando de *satsangs* sempre que um novo professor chega à cidade, e gastando todo dinheiro extra em livros, seminários de final de semana e em noites como esta, onde refletem sobre questões espirituais intensamente, e realmente não têm a menor ideia daquilo que buscam.

Percebi isso com um choque quando comecei a perguntar às pessoas o que elas pensavam ser a iluminação. As mais honestas normalmente coçavam a cabeça à medida que de repente isso despontava nelas: "Realmente não sei. Não estou certo". E aquelas que não eram capazes de demonstrar muita autenticidade normalmente *vomitavam* o que outros haviam dito: "Bem, é a união com o divino". Outros chegavam às suas próprias ideias. No vernacular moderno, chamamos de fantasias. "Quando a iluminação acontecer, vai ser..." preencha o espaço em branco. Normalmente a expectativa é de que será algo como um orgasmo prolongado infinitamente.

Afirmamos no zen que "Ao sentar-se, silenciar-se e ficar olhando uma parede por muito tempo, algo vai acontecer". Várias pessoas fizeram isso e depois tiveram uma experiência agradável – talvez um estado prazeroso muito prolongado que durou alguns minutos ou horas, ou talvez, com sorte, um retiro inteiro. Talvez esse sentimento tenha durado somente alguns segundos em determinada meditação antes de a mente dizer "Bem, se eu simplesmente estender esta experiência infinitamente, é assim que será a liberdade".

No entanto, minha experiência de iluminação foi simplesmente a demolição de tudo que pensei que seria. E nunca encontrei alguém que tenha verdadeira e autenticamente despertado para a Verdade dizer algo contrário. Nunca encontrei uma única pessoa que voltasse e dissesse, "Adya, sabe, é bem parecido com o que pensei que fosse". Normalmente elas retornam e dizem, "Não é nada parecido com o que pensei que fosse. Não é nada parecido com nenhuma experiência espiritual que já tive em minha vida, incluindo experiências de bem-aventurança, amor, união com o divino ou consciência cósmica".

Novamente, como afirmamos no zen, "Ao sentar-se, silenciar-se e ficar olhando uma parede por muito tempo, algo vai acontecer". E então, adivinhe o que vai acontecer com tais experiências? Elas vão passar. Bem, a maioria das pessoas que realmente sabe disso finge que não passa. A maioria das pessoas que passou pelo rol de experiências espirituais sabe que nenhuma delas perdurou porque, se tivessem perdurado, ainda não estaria buscando a próxima experiência. A maioria das pessoas que esteve no jogo da espiritualidade por tempo suficiente sabe que nenhuma experiência perdura.

Ninguém quer encarar isso. Os alunos podem ouvir centenas ou milhares de vezes que a iluminação não é uma experiência, mas ainda trazem essa preocupação para o *satsang*: "Adya, o que eu ganho no *satsang* quando venho, perco quando saio". E eu sempre respondo: "É claro. Não importa a experiência que teve, você vai perdê-la. Essa é a natureza da experiência".

Soa bem dizer que a liberdade é aquilo que não vai e vem, mas a única coisa que a mente pode fazer com isso é imaginar uma experiência prolongada infinitamente que não vai e vem. E então ela pensa: "Não consegui ter a experiência prolongada infinitamente que não vai e vem. Não a entendi direito."

Por alguma razão, e não tomo nenhum crédito, em absoluto, por isso, enquanto fiquei sentado encarando uma parede por quinze anos como um estudante do zen, várias experiências aconteceram. Esses eventos incluíram experiências alucinantes com a kundalini, união mística, bem-aventurança e ser inundado pela luz divina e amor. Como a maioria das pessoas que se sentam encarando uma parede, descobri que tais experiências não ocorriam tão frequentemente ou duravam tanto quanto eu queria. Em pontos específicos ao longo da jornada, havia uma tendência em pensar "É isto! Esta experiência é tão irresistivelmente prazerosa que só pode ser isto!". Minha consciência se expandiu infinitamente e fui bombardeado por mais *insights* do que podia absorver. Se quiser tais experiências, existe uma receita para consegui-las: apenas sente-se e fique de frente para uma parede horas a fio diariamente.

Mas o que recebi – e que descobri mais tarde – foi uma graça incrível, algo em meio àquelas experiências mais surpreendentes e belas, que não aconteciam com tanta frequência: uma *vozinha* irritante que surgia a cada momento e dizia "Continue; não é isto!". O restante de mim ficava pensando "É isto sim, porque tudo em meu corpo e mente está me dizendo que é. Todos os sinais estão verdes. O prazer ficou tão imenso que tem que ser isto". Então a pequena voz surgia e dizia, "Não pare aqui, não é isto".

Se tivesse escolha, provavelmente teria pegado aquela *vozinha* e jogado pela janela porque notava que outras pessoas também tinham essas grandes percepções, mas pelo menos elas as desfrutavam por alguns dias, semanas e, em alguns casos, meses, estando muito convencidas de que elas tinham *chegado*. E eu raramente pude me aprofundar em uma dessas percepções por mais de dez minutos. Isso não significa que elas paravam de acontecer de imediato. Simplesmente significa que, enquanto estavam acontecendo, eu sabia, sem sombra de dúvida, que não era aquilo, não importasse qual fosse a experiência. Digo que isso foi uma graça tremenda porque repetidamente ela me empurrava do lugar onde eu provavelmente teria gostado de me acomodar.

Se você se agarrar a qualquer experiência, vai experienciar o sofrimento assim que ela passar. É surpreendente quão frequente esse sofrimento não nos põe em movimento, mas nos faz dar uma guinada de 180 graus para procurar a experiência que perdemos. Tantas vezes esse sofrimento é uma total perda de tempo porque não aprendemos a lição de que qualquer experiência que veio e foi não é a iluminação, e tentamos repeti-la ou sustentá-la infinitamente.

Se realmente temos sorte, ou sabemos de imediato que uma experiência passageira não é iluminação ou a experiência desaparece e nós não recuamos 180 graus. Percebemos que, qualquer que tenha sido a experiência, não era iluminação. Porque todas essas experiências que estão acontecendo comigo, e qualquer experiência que ocorra comigo, estão vinculadas ao tempo, o que simplesmente significa que elas vão e vêm. Para mim, isso foi uma graça, pois percebi que qualquer experiência que surgisse não era a iluminação que eu estava buscando. Isso encurtou minha jornada imensuravelmente.

Quando falamos de buscar a iluminação, que se tornou a palavra mais abusada no dicionário espiritual, o que estamos realmente buscando é a resposta para "O que é a Verdade?". Essa pergunta é uma orientação inteiramente diferente de "Como posso ter tal experiência?" e "Como posso sustentá-la?". Perguntar "Qual é a verdade?" é um projeto de demolição. A maior parte da espiritualidade é um projeto de construção. Estamos ascendendo e descendendo – ideias estão ascendendo, a energia da kundalini está ascendendo, a consciência está ascendendo. Ela continua crescendo e o indivíduo sente: "Estou melhorando cada vez mais".

Mas a iluminação é um projeto de demolição. Ela simplesmente lhe mostra que tudo em que acreditava ser verdadeiro não é. Tudo aquilo que você entende ser, qualquer que seja sua autoimagem – boa, má, ou indiferente – não é você. Quem você pensa que os outros são – bons, maus, ou indiferentes – não é verdadeiro. O que quer que se pense sobre Deus é equivocado. Não se é capaz de ter um pensamento verdadeiro sobre Deus, portanto, todos seus pensamentos sobre Deus lhe dizem precisa e exatamente o que o divino não é. O que quer que pense ser o mundo lhe diz exata e precisamente o que o mundo não é. O que quer que pense sobre a iluminação é também precisa e exatamente o que ela não é.

Percebe o sabor disso? É um projeto de remoção. O que ele remove? Tudo. E a menos que seja uma remoção de tudo, não é essencialmente libertador. Se houver algo ou um único ponto de vista que não tenha sido removido, então a liberação ainda não aconteceu.

Na vida da maioria dos seres humanos, tudo gira em torno de se evitar a verdade. A verdade que estamos evitando é a Verdade do vazio. Não queremos ver que nada somos. Não queremos ver que tudo em que acreditamos é equivocado. Não queremos ver que o que todos os outros acreditam é equivocado. Não queremos ver que nosso ponto de vista é equivocado e que não existe ponto de vista certo. Não queremos ver que tudo que pensamos sobre Deus é o que Deus não é. Não queremos ver o que Buda quis dizer quando afirmou que o *self* não existe.

Preferimos rapidamente inserir uma afirmação positiva. Portanto, em vez de ver que o *self* não existe e que tudo que a mente sustenta como verdadeiro é essencialmente vazio, nossa mente insere rapidamente algo positivo como "Sou consciência" ou "Tudo é bem-aventurança" ou "Deus é amor". Não queremos ver que existe um vazio totalmente escancarado no centro de nossa existência.

Ao longo dos séculos, quando se fala da espiritualidade de um modo que seja o mais próximo à Verdade, tanto quanto a palavra falada pode possivelmente alcançar, isso é acobertado o mais rapidamente possível. Mesmo no zen – que no meu ver é uma das formas mais puras de se buscar a experiência de iluminação de Buda – com frequência evita-se o ensinamento central, de que o *self* não existe. É por isso que, ao abrir uma revista, uma publicação budista, não se pode encontrar o princípio central do ensinamento. Ele não está lá. Ao contrário, a maioria dos textos espirituais nos dizem como ser mais compassivos e amorosos, como meditar melhor, como contar sua respiração, entoar seu mantra ou visualizar sua divindade, e assim por diante. Mesmo no Budismo, o ensinamento está frequentemente acobertado, embora seja um pouco difícil esconder o princípio central do fundador: o *self* não existe. Mesmo que ele não esteja oculto, raramente se fala sobre ele e, quando se faz isso, é de forma polida. Os reais ensinamentos sobre a iluminação são como a lâmina de uma espada que golpeia qualquer direção que você estiver seguindo. Eles decepam suas pernas, e você fica de nariz no chão, ensanguentado pela queda.

Foi dito há muito tempo que é a verdade que nos liberta, e a coisa mais compassiva que podemos fazer por alguém, inclusive por nós mesmos, é dizer a verdade. O que não é libertador é dizer a nós mesmos ou uns aos outros somente o que queremos ouvir. Isso não é compassivo. Isso é crueldade em forma oculta, porque isso nos escraviza em um ciclo sem fim de perseguição a algo que não existe. A Verdade pode fazer com que nossa mente se sinta um tanto impotente, mas esse é o ponto! É isso o que entrega significa. Entrega não significa "Escolho o divino, abro mão de tudo, desisto de minha vida, do meu coração, do meu tudo. Estou abrindo mão de tudo para que eu obtenha o doce espiritual supremo". Várias das pessoas que estão fazendo suas centenas de milhares de prostrações ao redor do Himalaia fazem isso somente porque pensam que com isso vão ganhar o doce derradeiro. Você já pensou nisso? Se eu não acreditasse que isso fosse me dar o doce derradeiro, não estaria fazendo isso, pelo amor de Deus. Cem mil prostrações é realmente um pé no saco.

A entrega é a mesma prostração, interna ou externamente, mas feita sem buscar algo em retorno. O resto é um jogo. É ego. "Vou fingir que sou espiritual porque ganharei algo com isso." O espiritual verdadeiro é: "Quero somente a Verdade. Estou disposto a abrir mão de tudo o que não seja verdadeiro. Não importa se gosto de abrir mão ou não. Não importa se isso for sacudir toda a fundação do meu ser ou não. E não significa que quero a verdade como uma aquisição à qual posso me agarrar ou possuir. É porque quero a Verdade, que por sua natureza tem que ser aquilo que não é uma aquisição". É preciso haver uma liberação absoluta, um soltar absoluto, mas não em troca de algo. O soltar absoluto é soltar aquele que está soltando. Não há nada na iluminação para o *eu*.

Em um sentido, a iluminação está percebendo que o *self* separado não existe. Podemos ouvir centena de milhares de vezes,

"O *self* separado não existe". Mas o que acontece quando internalizamos isso e consideramos seriamente o que isso poderia significar? Descobriríamos que tudo que eu, como um *self* separado, sustento como verdadeiro não o é.

O sabor de não existir um *self* separado é totalmente libertador. "Não há um *self* separado" não significa que exista uma experiência espiritual que seja assim: "Eu me estendi infinitamente, em todos os lugares, e me fundi com tudo". Essa é uma experiência linda e maravilhosa para um *self* separado, mas não é a Unidade. A Unidade não é fusão. A fusão acontece entre dois, e, como existe apenas um, qualquer experiência de fusão é uma ilusão se fundindo com outra, não importa quão linda e maravilhosa a experiência possa ser. Mesmo quando vivencio a fusão com o absoluto, com o infinito, com Deus, isso simplesmente significa que meu *self* fictício se fundiu com outra ficção. Experiências místicas não são iluminação.

Unidade é quando não existe outro. Unidade é: só existe isto. Não há nenhum aquilo lá, só há isto. E isto é tudo o que há. Só há isto, e assim que você diz o que isto é, acabou de definir o que não é. Isso só é percebido na demolição final de tudo o que não é. Então esse despertar é um despertar fora de tudo o que vem e vai. É um despertar total fora do tempo.

Esse despertar é como despertar de um sonho à noite – é por isso que essa metáfora tem sido usada tão frequentemente ao longo dos séculos. O sonho é tão real quanto este momento. Se acreditar que sua vida está ameaçada num sonho, irá entrar em pânico da mesma forma que irá entrar em pânico se acreditar que sua vida está ameaçada exatamente agora. Mas ao acordar pela manhã, pensa "Meu Deus, não era assim tão real". Era real tanto quanto um sonho o é. Existiu como os sonhos existem, mas não têm a realidade que achávamos que tivessem quando estávamos no meio do sonho.

Os seres humanos não sabem quão significativo é despertar de um sonho no meio da noite. Literalmente, você despertou de uma dimensão que tomou como sendo tão verdadeira quanto esta. É uma mudança cataclísmica de consciência. Tudo que pensou ser verdadeiro naquele sonho acaba não sendo verdadeiro.

Quando há o despertar espiritual real e autêntico, o impacto é exatamente o mesmo. Não estou dizendo que este mundo é ou não um sonho – não faz sentido definir este mundo. Mas estou dizendo que a experiência de despertar é exatamente assim. É a experiência de "Meu Deus, pensei que fosse um ser humano chamado tal-e-tal e não sou. E não se trata de ser algo melhor, maior ou mais expansivo, ou mais sagrado ou divino. Significa que não sou. Ponto".

Isso não significa que não exista um corpo. Obviamente existe. Isso não significa que não exista uma mente. É claro que há uma mente. Isso não significa que não exista uma personalidade. Obviamente há uma personalidade. Existe também um senso de *self*. Iluminado ou não, você terá um senso de *self*. Do contrário, não poderia trabalhar em um corpo. Do contrário, alguém chamaria seu nome e você não responderia. Até onde posso ver, todo sábio ao longo do tempo foi capaz de responder de alguma forma.

Na verdade, Ramana colocou isso de forma oposta. Ele afirmou: "Existe somente o *Self*", que é o mesmo que "O *self* não existe", só que invertido. É a mesma coisa. O que existe quando o *self* não existe? Como chamamos isso? Ramana decidiu chamar isso de *Self*. Mas, realmente, o *Self* é o que existe quando não há o *self*.

Garanto-lhes que terão um senso de *self* após a iluminação. Seu corpo não poderia operar sem um senso de *self*. É um mito que, quando alguém se ilumina, vai perder o senso de *self* de alguma forma. É possível que, ao meditar, você o perca temporariamente, de forma que, se alguém chamasse seu nome, você não iria se virar. Vi pessoas em meditação que não eram capazes nem mesmo de se levantar. Na Índia, isso é chamado de *nirvikalpa samadhi*. É uma experiência agradável. Algum *insight* pode advir disso; ou não. Você pode ter a experiência chamada de uma parada temporária da experiência de *self*, mas garanto que será temporária, pois seu corpo não pode funcionar sem um senso de *self*.

Se você realmente cair no não *self*, ele fica fora do tempo, o que significa que não dura um período curto de tempo nem um longo período de tempo. É uma percepção atemporal, e se não for, então você ainda não a percebeu. No melhor dos casos, portanto, você teve uma experiência chamada "Perdi temporariamente o meu senso de *self*". Que não é o que o "não *self*" significa. Não *self* significa, com ou sem o senso de *self*, que você sabe total e completamente que o *self* não existe, o que também significa que não há o outro. Só há uma coisa ocorrendo. Se você chama isso de Deus, de divino, consciência, natureza de Buda, vazio, plenitude, esquerdista, direitista, não importa. Mas quando existe somente uma coisa acontecendo, há somente uma coisa acontecendo. Há somente o vazio e a infinita exposição de si mesmo.

A liberdade é o projeto derradeiro de demolição, pois rouba-lhe tudo. É por isso que é libertador. Rouba seu argumento consigo mesmo, pois não existe alguém. Rouba seus argumentos com outros, pois não há outros. Rouba seu argumento com o mundo, pois só há *Isto*. Só há uma coisa acontecendo, e isso jamais é um argumento consigo mesmo. Jamais. Jamais. É por isso que é tão libertador, pois você está liberto desse infindável estado dual.

Quando há o despertar para a nossa verdadeira natureza, nossas mentes não olham mais para o vazio, pois não há alguém separado para olhar para ele. Compreendemos que a única coisa que está sempre olhando para o vazio é o próprio vazio. Essa é outra razão de eu não ser o primeiro a afirmar que não existem indivíduos iluminados, há apenas iluminação. A iluminação desperta. Não você ou eu. Você e eu nos tornamos insignificantes e não existentes. A iluminação desperta. É por isso que se diz que todos são inerentemente iluminados. Mas essa afirmação é enganosa, pois implica que todos são um pequenino alguém separado, especial, único, que é inerentemente iluminado, e com isso perde-se o ponto. Uma ilusão não pode ser iluminada. Portanto, não é realmente verdadeiro que todos sejam iluminados. Só é verdadeiro que a iluminação é iluminada.

A outra parte disso é que a iluminação lhe rouba tudo. É dessa forma que você pode identificar a iluminação – seja qual for o corpo por meio do qual ela tenha ocorrido, ele torna-se *cego* e sabe disso, não podendo se importar menos. O corpo fica muito feliz de estar cego, de não ter todos aqueles pontos de vista, de não acreditar nas opiniões da mente. E ainda que a mente siga tendo algumas opiniões – pois ainda há um corpo, uma mente e uma personalidade que terão suas ideias –, elas agora são vistas como insignificantes. É quando você sabe que algo autêntico aconteceu.

Conduzi esta noite de forma a evitar falar sobre vários dos aspectos positivos da iluminação, mas não há como não ser realmente capaz de ver a verdade e de certo modo não ficar rindo pelo resto de sua vida. Não há como simplesmente não ser capaz de amar este mundo profundamente, mesmo sabendo que ele não é tão real quanto se imaginava. Não há como não ser capaz de amar as pessoas cem vezes mais, mesmo sabendo que elas não são o que se pensava que fossem. Mas não quero falar muito sobre isso porque a mente começa a pensar que estamos lhe entregando bombons, quando não é o caso. Foi-lhe dada uma espada.

IMPLICAÇÕES

Depois de despertar do sonho da separação e perceber que você é a fonte, é preciso descobrir as implicações de se aplicar essa revelação à sua vida. Ao compreender de verdade que não existe nada a não ser você, isto lhe rouba o ar. Tudo é Um e você é Uno. Quando inicialmente passei a ensinar, queria acreditar que tudo que as pessoas precisariam fazer seria ter a experiência do despertar e pronto, elas deslanchariam. Agora sei que há muito mais envolvido nisso. Descobri que várias realmente têm o despertar essencial, vivencial, para quem e o que são, para o absoluto, e mesmo assim muito raramente tornam-se livres. Então, é claro, comecei a me perguntar: por quê? Despertar para a real experiência vivida de que você não é o corpo, a mente e a personalidade deveria ser a liberdade, e inicialmente é muito libertador, muito liberador, mas a maioria das pessoas são levadas pelos subprodutos emocionais do despertar e deixam de perceber o verdadeiro significado do que aconteceu.

Uma das coisas perdidas é a revelação da Unidade perfeita, a revelação de que você é a fonte derradeira. Você pode ter a experiência de ser livre por não se identificar mais com a mente, com o corpo e a personalidade, mas só raramente, a não ser por uma vaga sensação de unidade, o indivíduo tem uma clara percepção da união perfeita que realmente é inerente ao despertar.

É muito parecido com quando se tem um sonho à noite e você se identifica com algum personagem, e pensa ser diferente de todos os outros. Ao despertar de seu sonho pela manhã, você compreende que não é o personagem do sonho. É o sonhador. Tudo no sonho veio de você. Essa é uma metáfora para o despertar espiritual, pois, ao despertar espiritualmente, percebe que não é o corpo-mente. Mas o que normalmente não é percebido é que você é a fonte absoluta de todo o sonho. Acho que isso é bem fácil de entender. Por um lado, você vê que não é mais você; por outro lado, percebe que é a fonte de tudo.

Por que é tão importante compreender isso? Por causa da implicação inerente ao despertar, que é onde se descobre todo o valor de qualquer revelação espiritual verdadeira. Você é a fonte absoluta, e tudo é unidade perfeita, e na verdade tudo fora é você, igualmente. Inerente a essa revelação de unidade está a percepção de que não existe um "outro". Não existe mais ninguém, pois no final das contas é tudo o próprio *self*.

Conheci pessoas que tiveram essa percepção, e a primeira coisa que fizeram foi retornar à vida como se houvesse um outro. Elas vivem a vida como se houvesse um *eu* pessoal e um você pessoal, embora vivencialmente tenham tido um vislumbre de que isso não é verdadeiro. Assim, em muitos casos, o entendimento vivencial não é suficiente. Mas você pode imaginar como poderia mudar sua vida se tivesse a revelação de que não existe um outro e ficasse muito curioso sobre as implicações? Como seria se perguntasse "O que isto significa para mim pelo resto de minha vida?".

A maioria dos humanos se baseia a vida inteira na ideia de *self* e outro, de um *eu* pessoal e você. Mas com a revelação de que não existe o outro, de repente não existe uma relação pessoal. Como se vive com essa implicação? Fundamentalmente, o que significaria, de fato, saber e viver como se não existisse o outro, mesmo quando aparentemente você se relacione como *self* e outro no mundo das aparências? A maioria das pessoas que só estão interessadas na iluminação pessoal acreditam que "Enquanto eu for livre, ninguém pode exigir nada de mim" ou que "Vou ensinar aos outros como ser iluminados". Não há nada de errado em ser pessoalmente livre. Mas e se você investigasse isso até o final? Como *você* pode ser livre se não há um *eu* pessoal? Quem está aí para ser iluminado?

Uma das experiências mais dolorosas que tive por um longo tempo foi quando abri essa ideia de relacionamento em *satsang* e ficava sentado à medida que as pessoas, uma após a outra, faziam suas perguntas: "Não estou conseguindo o que quero no meu relacionamento", e "Quero saber como ter um relacionamento melhor". Os alunos perguntavam como eu vivenciava os relacionamentos. Annie, minha esposa, dizia a eles: "Nós não precisamos de nada um do outro e não usamos nosso relacionamento para processar coisas, porque isso não tem nada a ver com um relacionamento". Isso era ignorado e todas aquelas perguntas continuavam a emergir.

Olhe para as implicações da consciência de que não existe o outro. Ao despertar, você desperta desse "Eu e você". Se compreender o que isso significa, vai ficar sem ar. Se não existe o outro, não há uma relação pessoal. Todo problema com qualquer relacionamento tem a ver com uma ou duas pessoas não levar a sério o fato de não existir o outro. Não existe alguém de quem obter algo, ninguém para mudar, ninguém de quem se necessite ou que satisfaça uma necessidade – tudo isso é um sonho. Essa é a extensão do desafio quando não se está buscando somente uma experiência espiritual, mas esforçando-se para entender o que é inerente à experiência.

A experiência de despertar é como uma experiência pessoal do *big bang*. Sua revelação inicial foi o início. Começou como nada, assim nos contam os físicos, e então esse pequeno *blip* tornou-se, no final, todo o universo. No início, você pode ter visto esse *blip* e não percebido o que era inerente a ele; pode ter lhe dado as costas e perdido tudo. Se olhar para o *blip* chamado despertar espiritual, ele sustenta tanto potencial quanto o *big bang*, e até mais.

Inúmeras pessoas perguntam: "Como integro minha espiritualidade à vida diária?". Você não integra. Você não pode fazê-lo. Como poderia integrá-la? Você não pode enfiar o infinito em uma vida limitada. Ao contrário, dedique sua vida ao impulso divino. Não há integração. Há somente percepção, e essa percepção é sempre um destruidor perfeito. É um destruidor de toda sensação de separação, um destruidor daquilo que não é verdadeiro. Jogue sua vida na Verdade. Não tente enfiar a Verdade em sua vida.

Mesmo ao encarar muito seriamente e esforçar-se para aprofundar sua compreensão, enxergando-a cada vez mais profundamente, a aparência de um *você* e de um *outro* continua. Se realmente não levar a percepção que teve para o seu relacionamento, ele vai continuar mais ou menos como sempre foi. As partes podem ser rearranjadas, mas o relacionamento pode permanecer mais ou menos com base no que vocês obtêm um do outro e em como as coisas funcionam. Ao mergulhar mais profundamente para descobrir a mais intensa percepção de que não existe um outro, a própria percepção rearranja a forma como esse sonho de aparência opera. O sentido do relacionamento vai operar de modo diferente, porque você compreendeu de verdade que não existe tal coisa como um relacionamento pessoal entre um você e um eu. Espontaneamente, a maneira como todo o mundo dos relacionamentos funciona é reorquestrada sem que você faça qualquer esforço para controlá-la. Para melhorar o relacionamento, é só despertar mais. Ele pode ou não mudar da maneira que você quer, mas vai mudar. Desperte mais. Porque, ao despertar de verdade, as coisas simplesmente são do jeito que são.

Você não precisa de um professor para explicar as implicações de não existir um outro – você precisa fazer isso por si mesmo.

* * *

ALUNO: O que significa despertar mais?

ADYASHANTI: Muitos professores compararam isso a quando você tem um sonho à noite. Sabe como é quando está tendo um sonho agradável e acorda, mas não totalmente, e então volta a dormir porque quer sonhar? Pois é, depois de rolar um pouco e voltar a dormir, você então desperta novamente e compreende que esteve dormindo, mas está grogue e nem sabe se quer estar desperto. Mais tarde, ao longo do dia, vai ficando mais claro e você está muito mais desperto. A maioria dos buscadores espirituais, mesmo depois de um grande despertar espiritual, quase sempre ainda estão grogues. Eles vão e voltam e não estão tão certos se querem estar despertos porque percebem todo um mundo diferente lá fora. Querem despertar das coisas ruins e continuar sonhando com as coisas boas. Literalmente querem voltar a dormir em seus relacionamentos pessoais, pois sabem que, se realmente despertarem, as coisas podem mudar de maneiras inesperadas. Quando se está grogue, parece ter tanto do que abrir mão, e há tanta indecisão sobre estar ou não totalmente desperto. Mas quando se está realmente desperto, você sabe que é um sonho e não quer voltar atrás. Se quiser ser realmente livre, é preciso fazer o esforço para despertar completamente. Então irá perder interesse na não verdade e estará interessado somente na verdade. O estado de sonho da não separação em todos os seus disfarces não irá interessá-lo.

Quem está no controle do sonho quando você sonha à noite? Você é o sonhador, mexendo todos os pauzinhos. Todos os personagens do sonho estão convencidos de que são eles que fazem acontecer. Mas o sonhador está orquestrando tudo. Quando sonha, você se esquece disso. O sonhador transcendente é aquele que cria o sonho do mundo. Se quiser ser capaz de funcionar no mundo com alguma graça, não pode se esquecer disso. É um mito dizer que você deveria abrir mão da transcendência para retornar ao mundo.

Toda essa ideia de integração e o conceito de que não se pode permanecer na transcendência parecem fazer sentido até que começamos a examiná-los por nós mesmos e nos questionar se são verdadeiros. Ao olhar para a sua própria experiência e se perguntar como a percepção espiritual funciona, você começa a compreender que muito do que falamos é simplesmente ridículo – é o cego conduzindo o cego. Esse para quem você olha e chama de professor é sua própria criação, é seu sonho, e você o está criando neste momento. Ao se permitir estar consciente, estará consciente de que o está criando, e de que a separação entre quem ouve e quem fala é somente a aparência. Se estiver desperto, terá enxergado isso claramente. Mas o condicionamento pode puxá-lo de volta para o sonho. Não importa. Simplesmente continue a questionar o sonho em si.

Às vezes ficamos encantados com uma experiência incomum, mas não percebemos algo mais profundo, uma percepção daquilo que a causou. Precisamos perguntar "Por que tive tal percepção?". Questione isso. Curiosidade e investigação são importantes. A razão de ter uma experiência transcendente é que intuitivamente você tomou a Verdade, que simplesmente é o jeito que as coisas realmente são. Espiritualmente falando, a pergunta "O que eu sou?" é a pergunta que vai diretamente ao âmago das coisas.

A inteligência infinita é, de fato, o que você é, mas é preciso uma séria intenção de descobrir por si mesmo o que é verdadeiro. Para isso, é preciso abrir-se à possibilidade de que tudo que aprendeu é *errado*. Do contrário, como pode descobrir o que realmente é? Ao estar completamente aberto, a Verdade torna-se a coisa mais aparente. As pessoas espirituais sempre acham que a Verdade está escondida delas. Ela não está oculta. O que atrapalha é a ideia do que será. Descubra o lugar do que realmente é. Existe somente o Uno se manifestando como tudo. Pondere e medite sobre isso até que compreenda completamente por si mesmo. Desperte para o que existe.

Relacionamento dármico

Uma das valiosas lições que aprendi nos vários anos em que fiquei sentado em meditação zen foi que, para estar realmente comigo mesmo, teria que me encontrar. Sentar-se silenciosamente e conhecer apenas uma imagem de si, ou uma imagem do Divino, é conhecer somente miséria e tagarelice infindável. Jamais podemos estar totalmente confortáveis sentados com uma imagem, mesmo que seja uma boa imagem. Quando nos sentamos como nosso verdadeiro *Self*, então estamos nos sentando como não autoimagem, não autoconceito e não autoideia. Estamos apenas sentados como espaço. Essa é a base do verdadeiro relacionamento, pois, se não estamos nos relacionando com o que efetivamente somos, com certeza será difícil para nós nos relacionarmos verdadeira e profundamente com qualquer outra pessoa.

Quando estamos em relacionamento que funciona como o nosso próprio vazio radiante, a relação é bela, pois estamos sendo o que somos. Essencialmente estamos apaixonados pelo mistério. O mistério está apaixonado por si mesmo. Quando esse mistério está em relacionamento com um *outro*, seja esse outro chamado de flor, pássaro, vento, frieza ou um ser humano, ele se relaciona como uma expressão do mesmo mistério. Isso é o verdadeiro relacionamento sagrado, quando vemos que estamos realmente em relacionamento com a manifestação do mistério: aqui como isto, aqui como aquilo, aqui como ele, aqui como ela, aqui como frieza, aqui como amargura, aqui como doçura, aqui como tédio, aqui como pesar, aqui como felicidade, aqui como confusão e aqui como clareza. Tudo é uma manifestação do mistério. O fundamento real da relação dármica é o relacionamento com esse mistério, com nosso próprio *self*.

Quando ficamos sem uma demanda neste momento, sem esperar pelo próximo momento, sem esperar obter algo – seja o que for esse "algo" –, quando não esperamos nos iluminar, obter amor ou uma mente silenciosa e quando paramos de exigir qualquer coisa de nós mesmos – então o sagrado se abre pelo simples fato de não haver exigências sobre ele. Um verdadeiro relacionamento sagrado com este momento floresce quando não pedimos para que ele seja diferente do que é. Então a beleza floresce. Mas se pedimos a menor coisa deste momento, então começamos a perder a beleza. Nossos pedidos distorcem o que somos capazes de ver e experienciar em nós mesmos.

A mente acredita que ser livre, liberada ou iluminada significa estar limpa de todas as experiências desagradáveis, mas não é assim. O Divino não ousaria macular a si mesmo removendo algo. Isso seria como amputar seu braço. Mas experienciar essas mesmas emoções ou experiências como mistério, como Deus e como o mistério de si mesmo é transformá-las totalmente.

Veja a inteireza do que realmente está aqui, a qualidade da atemporalidade como ela se mostra através de toda a experiência. Então seu próprio sentido de sagrado, conhecido naquilo que você é, amplia-se além de experiências agradáveis e torna-se o espectro total da experiência. Você começa a perceber diretamente que toda a manifestação, não importa qual seja, é o florescimento do Divino. Se houver confusão, é Deus sendo confuso. Se houver clareza, é Deus sendo claro. A seguir, você será capaz de ver Deus no dejeto, no lixo jogado no esgoto, no morador de rua que não se banhou nos últimos seis meses. Começa a ver a mesma qualidade de sagrado em todos os lugares, a mesma relação dármica do mistério consigo mesmo. E assim prossegue, cada vez mais, uma penetração cada vez mais profunda e em mais áreas. Ao perceber toda essa qualidade sagrada em tudo, saberá que não é quem pensava ser. Você é um mistério vivo, desperto, que não pode ser tocado ou visto.

Quando isso é conhecido, é possível estar em relacionamento sagrado. Se isso não for entendido e você tentar tornar sagradas suas relações, está somente tentando se adequar à própria ideia do que é o relacionamento sagrado, e isso é mais conhecido como violência. Pode-se fazer isso por uma boa razão, com boas intenções, mas se tentar tornar sagrada uma relação, vai perdê-la. Deixou de percebê-la como sagrada. Quando vir que um relacionamento já é sagrado, então está realmente vendo que é uma manifestação do próprio mistério.

Quando vir que tudo é sagrado, você não perderá a habilidade de fazer distinções. É possível ver onde poderia haver desonestidade em um relacionamento, onde não se está mantendo a integridade mais elevada, onde há falta de intimidade ou onde o relacionamento está construído sobre imagens, ideias, projeções ou exigências. Só pelo fato de ser visto como sagrado não significa que você também não veja partes que possam ser ridículas. Essas visões não se excluem. Às vezes, Deus age de forma engraçada.

Permanecer como se é (que simplesmente é a luz do estado desperto) em meio ao relacionamento é a coisa mais desafiadora que um ser humano pode fazer. Tudo que não é *encontrado* ou visto será como um botão com um adesivo em que está escrito "aperte-me" – e atrai dedos. Essa é a beleza do sagrado. Se não for encontrado, se for inconsciente, existe um botãozinho "aperte-me", pois assim não pode permanecer inconsciente. Aí está ele! Alguém o aperta. *Boom*! Culpa. Ah, uau! Agora a culpa é consciente. Existe a oportunidade. Mas o que normalmente fazemos é torná-la inconsciente o mais rapidamente possível. Assim não vemos: "A culpa acaba de ser acionada. Cara, isto está comigo há muito tempo. Está na programação. Que interessante! O que é isto?". Em vez disso, as pessoas tendem a entrar na psicologia da coisa ou em uma série de ideias e filosofias a respeito. Mas o que é isso? Como é vivenciar a culpa? Ao questionar "O que é isso?", a consciência tem a permissão de penetrá-la. Então, veja bem, pode haver culpa, mas agora é a culpa que está ciente. Se tentar fazer algo com a culpa, tal como livrar-se dela, então não estará realmente com ela.

A luz do próprio despertar é o agente mais transformador, e a alquimia mais profunda acontece na disposição de permanecer ciente de sua própria inconsciência. Quando aquele botãozinho é acionado, algo inconsciente emerge e o convite é permanecer desperto. É isso. Só fique desperto, e aí a alquimia acontece. Só permaneça desperto. Não aja espiritualmente, recuando cinquenta passos e testemunhando de certa distância infinita. Isso é, de alguma forma, melhor do que se perder nisso, mas mesmo isso é uma forma sutil de inconsciência, pois é uma forma sutil de evitar ou de retirar o despertar do que é. O despertar está bem aqui. Você não precisa levá-lo para trás, para cima ou para baixo de alguma coisa para ser essencialmente livre do que está emergindo. Já é livre. Não precisa recuar. Somente o *eu inferior* precisa recuar ou se afastar. E isso, também, pode se tornar ciente. "Ah, o *eu inferior* está tentando se espiritualizar, tentando afastar-se de algo. Esse botão foi acionado." Agora isso torna-se ciente.

O despertar não está recuando, tentando explicar, tentando consertar ou se livrar de algo. O despertar, quando tem a permissão de ser vivenciado, é um amor e um carinho profundos pelo que existe. O amor está sempre se lançando no momento, aqui e agora, entregando-se totalmente no agora. Estar em relacionamento dessa maneira é simples. É humilde. É muito íntimo. Assim é possível encontrar outra pessoa de uma forma totalmente diferente.

A maioria dos relacionamentos começa como uma relação inconsciente. Quando a luz do despertar passa a brilhar no relacionamento, a inconsciência será revelada. Ao ser revelada, é muito importante não querer espiritualizá-la. Algumas pessoas querem espiritualizar suas relações em vez de torná-las conscientes. Querem transformá-las em uma fantasia espiritualizada em que o parceiro satisfaz todas as suas ideias espirituais sobre o que poderia ser a relação. Acreditam saber como deveria ser, como poderia ser, que direção o relacionamento vai seguir.

Ao acalmar-se e distanciar-se disso, você retorna a algo que é muito íntimo e inocente, a um lugar em que finalmente está disposto a dizer a verdade não para esconder, não para impor consciência na pauta de algum relacionamento, mas para simplesmente deixá-la vir à tona. Então, jamais saberá como será cada momento – quanta consciência, percepção consciente e amor vão querer emergir. Isso pode, certamente, demolir o relacionamento, assim como a Verdade pode devastá-lo. Quando a Verdade emerge em você, o que ainda está se agarrando internamente à não verdade é visto em grande contraste. E no relacionamento, quando a consciência emerge e começa a operar e a se mover simplesmente porque você não está mais controlando, a Verdade e a não verdade na relação vão se confrontar, e você verá a incongruência.

É aí que os botões são apertados – não só o meu ou o seu botão, mas agora temos um terceiro, chamado "nosso botão". Todo relacionamento tem os nossos botões, pois, quando nos juntamos, cria-se esse algo mais chamado "nosso". Se um de nós ou qualquer outra pessoa aperta o "nosso botão", o relacionamento se agita, pois o nosso botão foi acionado. Esse "nós" terá seus próprios botões e sua própria consciência, que é um produto da fusão de dois botões "meus".

À medida que deixamos a consciência entrar, paramos de nos relacionar a partir de nossos medos. Imagine só se nada que fizesse tivesse como base um sentimento de medo ou insegurança. É muito eficaz quando olhamos para os nossos relacionamentos e indagamos o que aconteceria se não fizéssemos nada com base no medo e na insegurança. Isso é uma revolução para a maioria das pessoas. Quanto mais íntima a relação, maior é a revolução. Se as coisas não forem feitas com base no medo ou insegurança, é uma jogada totalmente diferente. É disso que se trata quando digo que a Verdade pode demolir seu relacionamento, embora possa ser uma demolição muito positiva.

Percebo que várias pessoas que tiveram uma profunda percepção da Verdade estão sobrecarregadas com o desafio de ser o que elas realmente são no relacionamento – devido a algum medo ou insegurança de como isso seria recebido ou não, ou o que isso poderia ou não desencadear. Isso pode torná-lo muito inseguro, pois não se sabe o que irá acontecer se algumas partes de sua vida que negavam a Verdade deixarem de ser negadas. Com frequência, em vez de encarar a insegurança ou o medo, as pessoas simplesmente se afastam deles. Assim, tal aspecto do relacionamento torna-se uma parte isolada, separada da vida, à qual a consciência não tem permissão de chegar. Como todos sabem, tanto a curto como a longo prazo, quanto mais consciente, mais difícil é manter a divisão. Se for ser totalmente consciente, relacionar-se a partir da divisão não é uma opção. Por isso, é literalmente impossível estar totalmente desperto e não estar desperto em todos os pontos. Se não estiver plenamente desperto em todas as partes, significa que você não alcançou a plenitude do que é.

Quando se tem uma pequena experiência espiritual, é muito fácil sutilmente menosprezar alguém que você acredita não ter tido a mesma experiência. Assim que fizer isso, não existe um encontro real. Como você pode encontrar o inconsciente de uma forma que seja inocente e na qual, em vez de menosprezar alguém, você o encontre olho no olho? Podemos aprender sobre relações dármicas ouvindo os pássaros, observando a qualidade da nossa escuta e a qualidade do acolhimento do som, a forma como deixamos o som entrar e nos permitimos ser tocados por ele. Ao simplesmente fazermos isso, tornamo-nos mais cientes. Podemos aprender mais sobre relações dármicas nisso do que em centenas de livros.

Quando costumava fazer retiros no *Sonoma Zen Center*, que era muito silencioso, estávamos de pé às 4h30 da manhã. Era tudo lindo e tranquilo àquela hora da manhã. O sol estava começando a clarear o ar antes de surgir no horizonte, e a experiência de simplesmente sentir o mundo todo acordar, todo seu *self* despertar, era incrível. Era maravilhoso. Por volta das 6h30 da manhã, do lado oposto da rua, em frente ao templo zen, os vizinhos acordavam. Eles tinham uma ideia diferente de como se preparar para o dia. Às 6h30 da manhã eles tocavam Led Zeppelin a todo volume. É aí que as relações dármicas podem ser aprendidas. É fácil permanecer conscientes em relação aos pássaros, ao que é agradável, à bela manifestação do Divino, ao seu próprio *self* verdadeiro – até Jimmy Page começar a tocar os primeiros acordes potentes. E aí está. Há o convite. "O que é isto? E qual é minha relação com isto?"

O que descobri é que se tratava apenas de um outro som, e tudo estava perfeitamente bem. E era lindo porque ampliava meu sentido do espiritual. Era apenas o que é. Era Deus fingindo ser uma estrela do *rock*. Deus não era apenas todos os breves momentos bons, prazerosos, silenciosos e serenos. Isso pega a ideia de espiritualidade e a divide bem ao meio, e diz: "Tudo bem, você quer ver Deus? Aqui está Deus – Deus por inteiro. Não só a parte que se quer ver, mas por inteiro".

Então, como um pontapé final, em pelo menos um dos retiros anuais, no último dia ficávamos sentados o dia todo e, em vez de ir para a cama por volta das 22 horas, fazíamos uma pequena pausa e ficávamos sentados em períodos de meditação de três horas e meia, alternando com dez minutos de caminhada, até às 23 horas, e então sentávamos da meia-noite às 4 horas da manhã em um período contínuo de meditação, sem nos levantar. Assim, no caso de pensar já ter atingido o nirvana durante o retiro e com experiências ótimas, porque suas meditações foram realmente boas e você se sentia realmente bem, esqueça! Após cinco dias ou uma semana, isto vai demoli-lo. Ninguém vai embora sentindo-se presunçoso depois disso. Seria possível na primeira parte do retiro, mas não no final.

Essa forma de ficar sentado não era realmente necessária, mas, depois de conduzir vários retiros, comecei a ver a beleza nisso. Que dádiva maravilhosa poder ir embora sem nenhuma percepção espiritual presunçosa – acreditando que fora capaz de permanecer bem e sereno durante todo o retiro. Que presente ser colocado de volta na inocência. Depois de um certo tempo, não era uma derrota, em absoluto. Era simplesmente sentir, "Ah, aqui estamos nós novamente, em uma sala cheia, com cinquenta pessoas, e, depois de três horas e meia sentados, continuamente, todos nós estamos tentando sobreviver. O iluminado e o não iluminado, igualmente, estão tentando sobreviver". O sentimento de dificuldade ou qualquer ideia espiritual sobre mim, elevada ou baixa, entrava em colapso. Naquele colapso, descobri que a queda da fachada era tão deliciosa, tão linda, tão sagrada. Era uma oportunidade de ver a Unidade em tudo, em cada experiência, e não como uma ideia de como seria. Quando a ideia entra em colapso, a realidade do sagrado tem uma oportunidade de emergir. E o sagrado real é muito mais bonito do que a ideia – não tão dramático, mas muito mais belo.

O relacionamento dármico é um relacionamento que é real. A beleza está no real. Não está na ideia do relacionamento espiritual. Está na realidade da relação.

O eterno agora

Tire um tempo
para checar e ver se está realmente aqui.

Antes de existir certo e errado,
só estamos aqui.
Antes de existir bom ou mau, ou indigno,
e antes de existir o pecador ou o santo,
só estamos aqui.
Só esteja aqui, onde o silêncio está…
onde a quietude interna dança.
Só aqui, antes de saber, ou de não saber.
Só esteja aqui, onde todos os pontos de vista
fundem-se em um ponto,
que desaparece.

Só veja se consegue estar aqui agora,
onde se toca o eterno,
e sinta o eterno vivendo e morrendo a cada momento.
Só estar aqui…
antes de ser um especialista,
antes de ser um iniciante.

Só estar aqui,
onde se é o que sempre se será,
onde jamais nada será acrescentado,
ou coisa alguma será subtraída.

Esteja aqui, onde você nada quer,
e onde nada é.
O aqui que é indizível.
Onde encontramos somente mistério com mistério,
ou não encontramos absolutamente nada.
Encontre-se aqui onde a si mesmo encontrará
ao não se encontrar.
Nesse lugar onde o silêncio é ensurdecedor,
e a quietude move-se tão rapidamente para alcançá-lo.

Encontre-se aqui onde você é o que quer
e quer o que é
e tudo desaparece
no vazio radiante.

— Adyashanti

Há uma história maravilhosa sobre um jovem que chegou a um mosteiro cheio de gás e pronto para se iluminar já para ontem. Ele perguntou ao abade:

— Quanto tempo vai levar para eu me iluminar?

Ao que o abade respondeu:

— Cerca de dez anos.

O jovem argumentou:

— Dez anos? Por que dez anos?

O abade respondeu:

— Ah, no seu caso, vinte anos.

O jovem perguntou:

— Por que o senhor diz vinte anos?

E o abade respondeu:

— Ah, sinto muito. Eu me equivoquei... Trinta anos.

Se você realmente entender, perceberá que só o fato de perguntar acrescenta dez anos. Assim que surge o pensamento "Quando serei realmente livre?", o tempo acaba de *nascer*. E com esse nascimento do tempo você tem que pensar, "Provavelmente pelo menos dez anos, talvez eternamente". Até onde se pode ir para se chegar aqui? Qualquer passo que der o leva a outro lugar.

Isso é surpreendente para a mente, pois a mente sempre pensa sobre a liberdade ou a iluminação como algum tipo de acumulação, e, é claro, não há nada para acumular. Trata-se de compreender o que você é, o que sempre foi. Essa percepção é fora do tempo porque é agora ou nunca.

Assim que sua ideia de iluminação se vincula ao tempo, sempre terá a ver com o próximo momento. Você pode ter uma experiência espiritual profunda e então perguntar: "Por quanto tempo vou sustentar essa experiência?". Enquanto insistir na pergunta, permanecerá ligado ao tempo. Se ainda estiver interessado no tempo e nas acumulações espirituais que possa ter ao longo do tempo, terá uma experiência ligada ao tempo. A mente age como se aquilo que está buscando já não estivesse presente exatamente agora. O agora está fora do tempo. Não existe o tempo, e o paradoxo é que a única coisa que o impede de ver o eterno é o fato de sua mente estar presa ao tempo. Assim, perde-se o que está realmente aqui.

Você alguma vez sentiu que realmente não queria muito estar aqui e gostaria de uma experiência eterna maravilhosa? É isto que em geral se pensa, mas não é dito, quando o professor diz: "Esteja aqui neste exato momento". Internamente você está sentindo que "Eu estou aqui e não gosto de estar aqui. Quero estar *lá*, onde está a iluminação". Se você tiver um professor realmente verdadeiro, ouvirá que está equivocado, que jamais esteve aqui. Você sempre esteve no tempo; portanto, jamais esteve aqui. Seu corpo estava aqui, mas o restante de si estava em um outro lugar. Seu corpo está passando pelo que chamamos de "vida", mas sua mente está passando pelo que chamamos de "minha fantasia sobre a vida" ou "minha grande história sobre a vida". Você esteve preso em uma interpretação sobre a vida, por isso jamais esteve realmente aqui.

Aqui está a Terra Prometida. O eterno está aqui. Você já notou que jamais saiu daqui, a não ser em sua mente? Ao relembrar o passado, você não está realmente no passado. Sua lembrança está acontecendo aqui. Ao pensar no futuro, essa projeção do futuro está totalmente aqui. E ao chegar ao futuro, ele é aqui. Não é mais o futuro.

Para estar aqui, tudo que tem a fazer é abrir mão de quem você pensa ser. Só isso! Então você compreende, "Estou aqui". Aqui, os pensamentos são desacreditados. Toda vez que você está aqui, você não é nada. Radiantemente nada. Absoluta e eternamente zero. O vazio que é desperto. O vazio que é pleno. O vazio que é tudo.

Você só quer várias coisas porque não sabe quem é. Mas assim que retorna a si, naquele despertar vazio, compreende que não quer mais nada, pois você é o que quer.

A liberdade que é descoberta não é "Eu alcancei a iluminação". A liberdade é, "Meu Deus, não há ninguém aqui para se iluminar. Portanto, não há ninguém *lá* para não se iluminar". Essa é a luz. Somente o conceito *eu* crê que precisa da iluminação, da liberdade, da liberação e da emancipação. Ele acredita que precisa encontrar Deus ou ter uma Ferrari – é tudo a mesma coisa quando vamos direto ao ponto. Mas, no momento de ver além do *eu* conceitual e compreender que é apenas a atividade mental, você sabe que não há ninguém para se iluminar.

Eu, eu, eu. **Eu** penso isto. **Eu** penso aquilo. **Eu** tenho valor. **Eu** consegui isto. **Eu** não obtive aquilo. **Eu** estou iluminado. **Eu** perdi isto – tudo isso é coisa da mente. Não há ninguém para alcançar a iluminação e ninguém para perdê-la. Tudo isso foi uma ficção. Já sentiu alguma vez que sua vida era como um romance barato? Como no seriado *Nancy Drew*,* em que, depois de uma história ser contada e você achar que seria o fim do seriado, descobre que o autor acabou de *cuspir* uma outra, e assim que esta termina, uma nova história é lançada. Mas o autor no livro jamais é encontrado. O autor nunca se mostra e sempre permanece fora do livro.

A mente é assim. Depois de tantas histórias, o pequeno personagem na mente diz, "Eu preciso me iluminar. Preciso encontrar a fonte. Preciso encontrar Deus. Preciso ser liberado. Preciso estar além da vida e da morte". E, então, em algum ponto ele compreende: "Ah, esta é a história!", e se pergunta: "Quem sou eu sem a história?". Você deixa de lado o livro chamado "Minha Vida". Vê que não existe nenhuma história e não há ninguém. O *eu* é uma história. Toda a história salta espontaneamente do nada, do espírito, para seu próprio deleite. Existe para ser lida – para você rir um pouco, chorar um pouco, ter altos e baixos, ter vidas, mortes, ter amigos, ter inimigos –, mas jamais para ser levada a sério.

Se você tem experiências espirituais, essa é uma ótima linha de enredo. Elas estão presentes na maioria das novelas espirituais cha-

---

* *Nancy Drew* é uma série sobrenatural para TV baseada na personagem-título de uma série de livros de mistério. [N. de T.]

madas "Minha Vida". O personagem tem experiências, aproxima-se da iluminação, distancia-se, encontra a felicidade e a perde. Capítulo 22: "Um *insight* incrível!"; Capítulo 23: "A perda total do *insight*". E assim por diante. Você avança três quartos do caminho na série (como se fosse a alma avançada, certo?), e agora assume um papel espiritual. Nos primeiros livros, você era apenas uma pessoa mundana, comum. À medida que se torna uma alma avançada, mais adiante na série, torna-se um buscador espiritual. Deve estar chegando a algum lugar. É isso o que o *eu* faz, não é? Ele busca a liberdade dentro da história, até que compreende que quem está buscando a liberdade é também só um personagem na história.

Então, de repente: "O que sou eu? Quem sou eu sem uma história?". A história cessa espontaneamente, e não há uma resposta na mente sobre por que deveria haver mais histórias. Esse seria o próximo capítulo. Mas, ao sair da história, não existem mais palavras. Você saiu da página. Existe apenas consciência fora da história. Mas não se preocupe. Ela vai continuar. Ela prossegue mesmo sem o *eu*. O movimento continua.

Ao entrar na quietude do eterno agora, soltando o *eu* ficcional, verá que a realidade, a iluminação ou Deus é como uma chama. Está viva, sempre se movendo e sempre dançando... A chama está sempre aqui. Mas a chama é impermanente. Não existe uma chama que seja permanente, estática ou estável. Se fosse, estaria morta. A realidade é viva, sempre em movimento, como uma chama que salta da madeira para o ar. A Verdade é movimento contínuo. Esse movimento, esse estado vívido da Verdade, é constante. Jamais cessa. É atemporal. A impermanência é a única coisa contínua, a única coisa permanente.

A total quietude do ser acontece quando toda resistência ao movimento, à impermanência, à vivacidade e à mudança está ausente. Quando toda resistência está ausente, há uma quietude total, uma quietude viva e vital. É totalmente imóvel, mas em movimento infinito. Só parece imóvel e parece não estar se movendo porque não há resistência. Imagine-se em um trem que se desloca rapidamente pelos trilhos a 160 quilômetros por hora. Nesse trem não há resistência ao vento, e por isso não se ouve o vento; não há resistência entre as rodas e o trilho ou entre as molas sobre as quais o trem corre, e não se sente a menor vibração de resistência. Pode-se ver que, apesar de estar se movendo muito rapidamente, dentro do trem tudo está absolutamente imóvel, e parece que você não está se movendo. A quietude do ser é exatamente assim. O que chamamos de permanência é movimento infinito, sem resistência.

Entender um pouco disso é tão importante, quer você entenda ou não, pois do contrário você pode vir para um retiro como este e não perceber o ponto. Talvez vivencie certa quietude e beleza, *insight* ou liberdade advindas dessa experiência. Mas se pensar sobre isso como algo estático, como se talvez dessa vez pudesse levar isso para casa, então, ao chegar em casa e abrir as mãos, descobrirá que a quietude é algo morto. É uma chama, e assim que segurar essa chama em suas mãos, ela se apaga. Quando a qualidade de vida deste momento é vivenciada livre de resistência, ela é totalmente imóvel e totalmente móvel, e não se pode agarrá-la porque o segurar é, em si, apenas mais um movimento da chama. Ela não pode segurar a si mesma. Só pode ser ela mesma.

É possível encontrar muito mais nessa metáfora da chama. Se olhar para a extremidade da chama, só para a pontinha, ela está tremulante, dançando, emitindo uma luz. Tudo que se pode ver é a fonte da luz, mas a luz em si é invisível. Essa luz é como a chama da Verdade emitindo *insights*, compreensões, despertar. Sob ela, o coração da chama dentro de nós também está se movendo como um chama, ondulante como o oceano, não intensamente como na extremidade. Aqui no coração há algo mais profundo do que o *insight*. É a experiência antes de se tornar um *insight*. Esse coração ondulante, que se move, está em comunhão consigo. Está em tal comunhão que nem se move para alguma realização, mas simplesmente desfruta da comunhão e da doçura do belo amor.

Então, sob o coração está a base da chama. Você já olhou para a chama em um pedaço de madeira? Uma noite, quando estava acampando, fiquei observando a chama na madeira e não podia ver onde a chama tocava a lenha. Ou havia uma lacuna entre a chama e a lenha ou a chama era tão pura e incolor que não podia ser vista. De uma forma similar, existe uma base absoluta no coração onde existe o vazio. Esse é o lugar antes de a Verdade tornar-se viva, antes de saltar para a existência. E aqui, mesmo a comunhão do coração se reduz a um fundamento de ser que é tão simples. É esse o lugar "onde a distinção jamais contemplou", como Mestre Eckhart a chamava, onde até mesmo a unidade não tem sentido, onde a mente de *insights* silenciou, onde o coração foi silenciado e onde existe apenas um descansar no fundamento do ser.

Essa chama da Verdade é a chama completa com todos os seus aspectos: o selvagem, o coração e esse simples, simples fundamento.

FIDELIDADE

Ao vivenciar a percepção do *Self*, jamais tome isso de forma leve, porque assim que sua fidelidade à Verdade estremecer, estará de volta à separação. Se não quiser apenas saborear a liberdade, mas sê-la, é preciso uma fidelidade absoluta à Verdade e permanecer unido a essa fidelidade para sempre. Se a liberdade for ser uma experiência viva e contínua, a sua parte humana tem que manter a fidelidade à Verdade e se comprometer a vivê-la. Para ser livre, a parte humana tem que se comprometer com a Verdade para sempre.

As pessoas me perguntam constantemente: "Quando isso vai acabar?", e eu entendo que elas estão equiparando a liberdade a não ter que apreciar cada momento conscientemente, a não ter que abrir mão de nada, a não se esforçar, e, é claro, a resposta é "Nunca". Isso não quer dizer que não se deva relaxar, mas relaxar de forma apreciativa. Podemos estar relaxados e também de coração aberto, disponíveis e realmente presentes. Quando fazemos isso, a implicação de como o relacionamento se desdobra é profunda. O que nos levará a viver a liberdade não é tanto manter a atenção, mas a apreciação. Não devemos renunciar, jamais renunciar, à nossa apreciação.

Assim que quebrar sua fidelidade à Verdade, você estará fora da liberdade da Verdade. Assim que alguma coisa – poder, enaltecimento, pessoa, lugar, coisa, amor aparente, respeito, reconhecimento – se tornar mais importante do que a Verdade, você vai começar a sofrer e a se sentir separado. Só há espaço para a Verdade na Verdade. Isso significa que só há espaço para ver a Verdade, escolher a Verdade e amar a Verdade. Um comprometimento ardoroso com a Verdade é uma escolha de cada momento.

Se estiver esperando que essa liberdade de escolha se torne indiferente ou automática, não está assumindo total responsabilidade por essa liberdade – a liberdade de escolher entre a Verdade e alguma história confortável. A fidelidade ardorosa à Verdade não é algo a ser tomado de forma leve. Ecoando o terceiro patriarca zen, um voto rompido com a Verdade separa céu e terra infinitamente. Quando surge alguma distração e há um momento em que você percebe que está num transe e passando apenas por um fenômeno, mas finge ser real, céu e terra se movem ruidosamente. Mas o céu pode se abrir de novo assim que escolher dizer a verdade, assim que vir, "Ah, é só a passagem de fenômenos, ou raiva, ou tédio", sem esforço para mudar nada, simplesmente nomeando o que é.

Não é suficiente manter votos apenas por mantê-los. Isso é quebrar o mais sagrado dos votos: o de amar de coração aberto, o voto da entrega mais profunda do coração. Não assuma um comprometimento vazio para sustentar alguma imagem ou a teoria da Verdade. É como recostar-se em uma cadeira de balanço e dizer ao seu parceiro: "Não amo você de verdade, mas vamos ficar juntos porque eu disse que ficaria". Isso é quebrar o voto; pode ser sustentar o conteúdo de alguma lei, mas é perder o verdadeiro significado, é perder o coração, o amor, a intimidade e a vulnerabilidade. Não basta fazer algo no piloto automático; seu coração e seu ser têm de estar por trás disso. Sinta esse momento, veja-o com uma disposição de vivenciá-lo profundamente, seja bom, mau ou indiferente. Emocionalmente e com sentimento, esteja totalmente presente, bem aqui, vulnerável, com seu coração. Só esteja presente. Não viva a partir de sua mente condicionada, viva a partir da verdade incondicional.

A Verdade ama. Não julga. Ela segura uma grande espada nas mãos e pode impiedosamente discernir o que é falso e o que é verdadeiro, mas não sustenta ressentimentos. Se não estiver falando a verdade para si mesmo, irá sofrer. Se ela não fosse impiedosa, não haveria aprendizado. A verdade não lhe dá tudo mastigado. Viva a partir da verdade ou sofra. É simples assim.

Ao realmente despertar para a Verdade, verá que, em cada circunstância e experiência, você sempre foi amado. É maravilhoso ver que há uma linha de amor percorrendo cada momento. Jamais houve uma vítima, nem mesmo por um instante. E mesmo que possa ter parecido doloroso, era somente a ardorosa espada que estava lá para fazê-lo ver a Verdade. Fazer as pazes com isso é difícil, pois rouba qualquer traço de vitimização.

A Verdade pode dançar na existência de várias formas; de maneira agradável e desagradável. Por trás de cada experiência está o amor. O comprometimento de estar totalmente presente em todos os níveis do ser irá fechar a lacuna entre você e o que está ocorrendo, a lacuna entre você e a experiência. Kwong Roshi costuma dizer com frequência: "Feche a lacuna, mesmo que seja só um pouquinho, feche a lacuna". Então tudo se abre. Fechar a lacuna entre o que você é e o que você gostaria de ser, entre o que está se apresentando e o que quer que se apresente. Essa lacuna de julgamento é a separação que você sente. É preciso escolher totalmente o que é e apoiar-se nisso com todo o seu ser.

Porém, é muito importante compreender que não se pode fechar a lacuna por vontade própria, somente pela disposição. Se tentar fechá-la, ela se torna cada vez mais ampla. Mas ela pode se fechar quando você está disposto a se entregar ao que é. Quando a lacuna entre o *eu* e a verdade do momento está fechada, a Verdade revela-se como totalmente presente, totalmente como seu próprio *Self*.

É isso o que quero dizer quando digo apoiar-se na vida, no momento e na riqueza do que existe. Isso não é um apoiar-se na dissociação transcendental. Pode ser, se você quiser, mas não é sobre isso que estou falando agora. Avance em vulnerabilidade e inocência. É como ter uma conversa com alguém que começa a atingir aquele momento mágico quando ambos se apoiam mutuamente e estão vulneráveis. É onde a mágica acontece.

Existem várias maneiras de fechar a lacuna. Uma forma de ajudá-la a se fechar e de encontrar a quietude é quando se está sentado em meditação, apenas sentado. Se o corpo se move em resposta à mente, isto obscurece a quietude. Mas quando o corpo permanece relaxado e sereno, a mente começa a seguir o corpo e a lacuna pode se fechar. Então a quietude no momento pode começar a brilhar. Esteja consciente do que está causando o movimento. Isso é apenas a mente se manifestando enquanto corpo. Corra um pouco de risco, esteja sempre ligeiramente vulnerável. Esteja vulnerável o bastante para permanecer desperto, para sentir a brisa fresca soprando o fogo do coração.

O verdadeiro poder é o poder do amor expressando algo apaixonadamente, muito internamente. Ele vem do coração, da superabundância, não da tentativa de preencher uma carência. É possível sentir essa centelha de vida e amor em todas as coisas na existência. Você a sente no ar, no formato da flor, da folha, na forma de seu próprio corpo. Não se pode colocar o dedo nela. É a vida, e a vida transcende o estar vivo. Os pensamentos morrem, os corpos morrem, as crenças morrem, a vida permanece. Vida, Deus, amor, manifestam-se de tantas maneiras... como sabedoria, clareza, e como um fogo queimando dentro de si para movê-lo, para levá-lo a soltar e a despertar para a realidade.

Quando não estou em *satsang*, sou uma pessoa bem sossegada. O despertar pode tomar a forma de coração, de brincadeira e do silêncio mais profundo que se possa imaginar. O elemento comum é a plenitude do vazio. Se estivermos realmente disponíveis, existe uma riqueza. Mesmo quando está vazio e silencioso, e nada está acontecendo, existe uma plenitude.

Você é o Dharma. Você é a vida. A flor e a árvore nada são, a não ser vida. E a vida jamais está presa apenas em sua expressão. A vida vai sempre oferecer suas expressões. Assim, tudo vem, vem, vem. Chega do nada, assim como a flor que não está lá hoje e que surge no dia seguinte. A vida expressa a si mesma como uma flor, um humano, um *insight* e a perda do *insight*. Mas a vida não se limita a sua expressão. Se todo o mundo fosse pelos ares, não haveria menos vida; somente menos manifestações. A vida ainda estaria presente. Você ainda estaria presente. Fazemos um acordo conceitual a partir disso, mas quando a Terra explodir, a vida ainda estará presente. Como Ramana Maharshi, prestes a morrer, disse a seus alunos preocupados: "Eles dizem que eu vou embora, mas para onde eu poderia ir?". A flor vai morrer, mas a vida vai bem, obrigado. A expressão se vai, os *insights* se vão, as personalidades mudam, as crenças mudam. Você permanece.

Uma entrevista com Adyashanti

No início de 2004, comecei a ouvir pessoas comentarem sobre um professor "pós-zen" emergente que tinha a habilidade de atravessar a confusão das pessoas sobre o despertar espiritual com a clareza incomum de olhos brilhantes mesclada à compaixão e ao humor cotidianos. Desconfiada por natureza, decidi passar um tempo com Adyashanti para investigar mais de perto. Em duas ocasiões distintas, tive o privilégio de entrevistá-lo por pouco menos de quatro horas (era quanto meus olhos conseguiam ficar em contato com os dele antes de eu sentir como se minha cabeça fosse explodir). Interessantemente, depois de cada uma das entrevistas, eu me sentia tremendamente agraciada por sua presença, como se o sol de sua mente desperta brilhasse na minha de uma maneira concentrada, convidando certos padrões confinados de energia a se liberar. É com gratidão e com um coração caloroso que aqui, no final desta edição de Sua essência: a dança do vazio, *apresento o sumário de uma de nossas conversas.*

TAMI SIMON: Adya, gostaria de conversar sobre algo que, espero, não o aborreça. Gostaria de falar sobre você, Adyashanti, o homem, a pessoa, o humano.

ADYASHANTI: (risos)

TS: Não sobre suas ideias.

ADYA: Ok.

TS: Ao terminar de ler *Sua essência: a dança do vazio*, fiquei com a pergunta: quem é esse cara? Ele foi trazido de outro planeta? Ele nasceu realmente de seus pais?

ADYA: Ok.

TS: Gostaria de ouvir um pouco sobre sua história de vida. Como era sua família? Eles eram religiosos? O que você fazia quando era garoto?

ADYA: Tudo bem. Embora só compreendesse isso mais tarde, eu nasci em uma grande família. Mas, de alguma forma, acredito que já sabia disso naquela época. Tive bons pais e duas irmãs: uma mais nova e outra mais velha. O que me recordo do meu crescimento, predominantemente, era de ser extraordinariamente feliz. Alguém certa vez perguntou ao meu pai do que ele mais se lembrava de minha infância, e ele respondeu: "Ele estava sempre sorrindo". E é isso o que recordo de minha infância. Tive períodos difíceis, como todo mundo. Eu me meti em problemas, como qualquer pessoa, e fiz coisas idiotas. Passei por momentos difíceis. Mas, no geral, quando olho para trás, recordo do meu crescimento como sendo uma boa experiência, no geral. Eu sorria para tudo, e isso marcou a maior parte da minha infância.

Não crescemos no que eu diria ser uma família particularmente religiosa, embora espiritualidade e religião fossem, de uma maneira singular, boa parte dessa mistura. Um dos meus avós era muito, muito religioso. Quando nos reuníamos com a família (o que acontecia frequentemente porque todos os meus parentes, tios, avós e primos, viviam a cerca de meia hora de onde eu cresci), espiritualidade e religião com frequência faziam parte da discussão. Quando criança, eu não me envolvia diretamente em muitas dessas conversas, mas as ouvia e ficava fascinado. Por exemplo, todos os meus filmes prediletos eram filmes religiosos: grandes épicos espirituais como *Os dez mandamentos*, com Charlton Heston, e *Ben-Hur*. Desde cedo havia uma atração pela espiritualidade e religião, mas sem nunca ser evidente. Cresci tendo, de vez em quando, algumas experiências que podem ser chamadas de místicas. Como criança, eu nunca imaginava que seriam experiências místicas ou especiais, ou mesmo incomuns.

TS: Que tipo de experiências místicas?

ADYA: Bem, por exemplo, uma luz branca vinha me visitar ao pé da minha cama à noite.

TS: Tipo uma bola de luz branca?

ADYA: Sim, tipo uma bola de luz branca ao pé da minha cama. Como a maioria das crianças, de certa forma eu não considerava essas coisas incomuns. Simplesmente pensava: "Ah, hoje à noite a bola de luz veio e me visitou". E isso sempre foi meio intrigante e natural. Tive vários tipos de experiências similares. Às vezes olhava para o meu armário ou minha penteadeira e quando percebia eu estava me fundindo com a madeira e me tornava a gaveta da penteadeira. E naquela época achava que aquilo era muito prazeroso e meio intrigante, mas não me parecia ser incomum, porque simplesmente era parte da minha experiência.

Quando cheguei à adolescência, no ensino médio, comecei a ter essas experiências – que nunca contei para ninguém , mas me referia aos dias em que elas ocorriam como "um daqueles dias". "Um daqueles dias" era quando eu acordava de manhã e era quase como se sentisse que tudo era uma coisa só. E em um daqueles dias, parecia que algo diferente estava olhando através de meus olhos, algo totalmente misterioso e muito antigo e eterno. Aprendi que eu tinha que ser um pouco cuidadoso quando ia à escola em um daqueles dias, porque, na verdade, queria olhar bem mais de perto e atentamente o que eu enxergava através dos meus olhos. E eu tinha que ser cuidadoso para não olhar para as pessoas de forma tão atenta, porque, seja o que for que estivesse acontecendo, tinha, digamos, um certo poder. Eu olhava nos olhos das pessoas, e, se olhasse por muito tempo, isso as chocava. Elas não sabiam o que fazer. Sabiam que algo fora do normal estava acontecendo e tentavam desviar o olhar. Elas tinham um olhar em seus olhos como se estivessem com medo e soubessem que alguma coisa que elas não entendiam estava acontecendo. Eu não queria assustar as pessoas, por isso tentava muito evitar aquilo. Isso normalmente durava de um a três dias, e eu caminhava por aí me sentindo como se fosse um com tudo, meio eterno e atemporal, visitado por uma qualidade totalmente diferente. E então aquilo desaparecia. Eu tinha um daqueles dias cerca de três, quatro ou cinco vezes ao ano.

TS: E você nunca conversou com seus pais sobre isso?

ADYA: Não.

TS: Nem com professores nem com ninguém?

ADYA: Não, nunca comentei sobre isso. De fato, a primeira visita – na verdade, a mais intensa – ocorreu quando eu estava no ensino fundamental. Estava no pátio concretado de recreação; eu adorava brincar nas barras e me divertir. Então parei entre o pátio concretado e o gramado e olhei para todas aquelas crianças brincando no gramado. De repente, foi como se algo empurrasse aquela criança para o lado, e algo muito imenso olhasse através de mim. E havia esse pensamento em minha mente... ou vindo de algum lugar, e o pensamento era: empurramos a criança para o lado. Eu estava muito na periferia daquela consciência, completamente posto de lado. E era como se eu estivesse olhando com aqueles olhos... a única forma que consigo descrever isso agora era como se eu estivesse olhando pelos olhos da eternidade. Algo que olhava que parecia realmente antigo e, ao mesmo tempo, realmente jovem e inocente. E eu olhava, e a primeira coisa que percebi era que ninguém naquele pátio – professores e crianças – estava vendo as coisas daquela maneira. E eu também nunca tinha visto as coisas daquele jeito. Era realmente muito surpreendente. Não me assustava, mas era muito espantoso. Aquilo durou um certo tempo, provavelmente o resto do dia.

TS: Você tinha 5 ou 6 anos?

ADYA: Acho que foi na terceira série. Provavelmente eu tinha 8 ou 9 anos; essa seria minha estimativa.

TS: E como você entende as experiências de "um daqueles dias" agora?

ADYA: Agora? Eu as chamaria de tira-gosto. Tira-gosto de algo que viria e veio, algo que seria muito mais permanente. Elas foram como pequenos tira-gostos, tira-gostos do despertar, vislumbres de certos aspectos do despertar.

TS: Bem, Adya, eu sabia que você era uma pessoa incomum, mas acho que você é a primeira pessoa que conheço no mundo das ideias espirituais que teve uma infância feliz.

ADYA: Já percebi isso. Também fico surpreso com isso.

TS: A maioria das pessoas que eu conheço que são atraídas pela espiritualidade dizem coisas como "Ninguém me entendia quando eu era criança". Um sentimento de "Eu não pertenço a lugar nenhum; sou um desajustado".

ADYA: É verdade. Bem, eu já sabia que não pertencia a lugar nenhum, e isso nunca me incomodou. Sabia que era um pouco diferente das outras crianças. Mas era quem eu era. Eu era um pouco solitário, em certo sentido. Mas também brincava nas barras, na escola, e sempre tive alguns amigos. Sentia que tinha algo a meu respeito que era um pouco diferente – não especial, apenas diferente – desde o início. Por uma razão ou outra, nunca interpretei isso como uma deficiência, e creio que em boa parte por causa dos meus pais. Quando eu estava no ensino fundamental, eles descobriram que eu tinha dislexia. Imagino que hoje eles provavelmente iriam me diagnosticar com transtorno do déficit de atenção (TDA); é muito provável.

TS: Por quê?

ADYA: Porque eu não me concentrava muito bem. E também porque tinha muita energia. Mesmo que tivessem me diagnosticado assim, eu não teria visto e não vejo isso, pelo menos em minha experiência, como um problema ou como algo anormal, ou que precisa ser medicado ou consertado. Eu era apenas um garoto com muita energia. E tinha dislexia. Via números e letras espelhados e, em certas situações de matemática e leitura, eu deixava a sala de aula e ia para uma sala especial de apoio ou suporte para tais matérias. Olhando para trás, é surpreendente que eu não me sentisse alienado, isolado ou menos do que as crianças à minha volta. Parece quase inacreditável que eu não tenha entendido isso dessa forma. Minha mãe costumava ter um mantra ótimo, ela dizia: "Sim, você é diferente". E dizia: "Sim, você é estranho". Porque minha mãe era meio estranha de um jeito ótimo. Ela tinha um ótimo senso de humor. Nós sempre brincávamos. Meus pais, assim como toda a minha família, têm um ótimo senso de humor. E o mantra de minha mãe era: "Nós somos simplesmente maravilhosos. Você é estranho. Eu sou estranha.

E ser estranho é absolutamente maravilhoso. É fantástico. Fique feliz por isso". Quando criança, algo em mim comprou isso. Eu acreditei nisso. Não achava que ser estranho fosse melhor. Era apenas maravilhoso; era ótimo. Acho que realmente tive sorte. Mesmo tendo várias experiências e oportunidades para sentir que era menos do que outras pessoas, ou isolado ou o que fosse, jamais interpretei dessa forma. Somente acreditava ser parte de quem eu era.

TS: Qual foi o ímpeto, a motivação, para se envolver com a descoberta espiritual?

ADYA: Bem, essa é a coisa estranha. Um dia, nem estou certo onde, li sobre a iluminação. Acho que foi em algum livro sobre zen. Como foi cair nas minhas mãos, não estou certo.

TS: Quantos anos você tinha naquele ponto?

ADYA: Mais ou menos 19 anos. Quando li sobre iluminação, algo em mim se acendeu como uma lâmpada. Aquilo me intrigou. Pensei, o que é isso? Um mundo de interesse começou a se abrir em mim. O que me encorajou a seguir esse interesse foi o fato de eu ter uma tia-bisavó que era muito sensitiva, e era conhecida na família por estar envolvida em todos os tipos de coisas malucas. Agora vejo que ela era muito desperta espiritualmente. Eu me lembro de ela entrar na sala, e parecia que seus olhos estavam em chama. Ela tinha seus noventa anos quando eu a conheci, e ela podia fazer essa coisa chamada projeção astral. Ela podia deixar seu corpo e ir aonde quisesse, o que apavorava as pessoas, pois ela sabia o que estava acontecendo com todos e sabia quando as pessoas iam morrer ou se elas tinham morrido. Ela dizia coisas como: "Por que você não liga para fulano e sicrano? Porque eles estão prestes a morrer". E teve que aprender a ficar calada.

TS: Claro.

ADYA: Ela tendia a esconder suas habilidades sensitivas. Ela só contou para minha mãe, em segredo, um dia. De qualquer forma, achei que a projeção astral parecia algo divertido, e correspondia com a época de meu interesse em toda essa coisa de iluminação. Então comprei um livrinho sobre como fazer projeção astral. Tinha aqueles passos a seguir. Um deles era passar dez minutos meditando, e então você fazia todas essas outras coisas. Bem, falhei totalmente com a projeção astral. Eu era como um foguete que jamais saía do chão. Mas durante a primeira vez que sentei para meditar por dez minutos, algo realmente me intrigou. Não sabia o que era, mas na meditação toquei algo, um reino de experiências que realmente me fascinou. Muito rapidamente esqueci tudo sobre projeção astral e tive a sensação de que a meditação tinha algo realmente significativo para mim. Então comecei a meditar e li alguns livros sobre o assunto. Dentro de poucas semanas, literalmente acordei uma manhã e percebi que a vida que tinha sido minha não era mais minha. Simplesmente sabia que "Esta vida não é minha"… que ela pertencia a essa coisa da iluminação. Para onde isso for, para onde isso me levar, nem mesmo tenho mais uma escolha. Passei de algo a que estava aspirando, de um lado, para algo que tinha me tomado. Senti muito visceralmente que aquilo estava no controle. Eu tinha sido tomado, e de alguma forma aquilo se tornou o resto da minha vida. E, sabe, foi um pouco assustador, mas era também excitante ao mesmo tempo. Aquele momento foi o momento em que minha vida virou. Naquela manhã. Não foi uma decisão. E eu não estava tentando escapar do sofrimento.

TS: Não havia nenhum desespero existencial no coração do Stephen Gray de 19 anos?

ADYA: Bem, pode ter tido algum. Sempre que tentamos contar nossa história, ela sempre surge de maneira muito parcial. Houve inúmeros momentos na vida – rompimentos devastadores ou momentos que foram muito, muito difíceis –, por isso não quero fingir que não tive alguns momentos bem difíceis ao longo de minha vida. Também não vou fingir que esses momentos difíceis de algum modo não tiveram um papel em toda essa busca de iluminação. Só posso dizer que, desde o início, o que me interessou foi o que essa coisa de iluminação tinha a ver com a verdade ou a realidade absoluta. Esse foi o meu combustível. Acordei uma manhã e achei que nada mais na minha vida fazia sentido a não ser descobrir o que está acontecendo aqui.

TS: Você fez faculdade?

ADYA: Fiz faculdade por certo tempo e depois acabei cursando uma faculdade comunitária* por cinco ou seis anos.

TS: O que você estudou?

ADYA: Várias coisas. Inicialmente, quando ingressei, logo após o ensino médio, achei que queria ser terapeuta. Já tinha lido vários livros de psicoterapia até então, provavelmente algumas centenas. Interessantemente, passei pelo ensino fundamental sem ler quase nada, sempre que dava para escapar. Mas assim que toda essa história de iluminação me impactou, comecei a devorar livros sobre o que me interessava. Achei que queria ser psicólogo. Fui para a minha primeira aula de psicologia e pensei: não! Eu entendi do que se tratava e vi que não era o que me interessava. Então pensei, bem, talvez sociologia, e frequentei algumas aulas e compreendi de

---

* Faculdade de pequeno porte geralmente destinada aos habitantes da região específica em que se encontra (oferece um programa de estudos flexível e cursos diários e noturnos). [N. de T.]

imediato que não, não era aquilo. Aí, assisti uma aula sobre religiões orientais, e aquilo estava mais próximo, mas percebi que também não era aquilo. Não queria ser um acadêmico ou especialista religioso. Então passei cinco ou seis anos tropeçando em um *junior college*.* Por alguma razão, eu era realmente muito bom em filosofia, mas soube muito rapidamente que não era filosofia. Nenhum daqueles caras se aproximava da verdade que eu buscava. Eu só podia sentir. E foi assim que estive na faculdade. Eu não estava realmente lá. Estava tentando achar uma vocação, mas também estava procurando alguma coisa que tivesse a ver com o que estava acontecendo dentro de mim. E não conseguia encontrar. Então, depois de 250 créditos na faculdade comunitária, simplesmente parei de frequentá-la. Naquela época, tinha 24 anos e parei de ir à faculdade. Estava trabalhando em lojas de bicicleta e totalmente absorto na busca da iluminação.

TS: E como você buscava isso?

ADYA: Bem, encontrei minha professora quando tinha mais ou menos 20 anos.

TS: Você pode nos contar como isso aconteceu?

ADYA: Encontrei o nome dela ao ler um livro do Ram Dass, *Journey to awakening*. Na quarta capa do livro havia uma lista de centros espirituais. Naquela época, vinte e cinco anos atrás, um apêndice de cinquenta páginas no final do livro era suficiente para listar a maioria dos centros espirituais nos Estados Unidos. Hoje, provavelmente seriam necessários volumes. Eu estava interessado no zen e vi que

---

* Instituição de ensino pós-secundária destinada a preparar alunos para um ofício especializado ou para uma educação adicional em outra faculdade com material acadêmico mais avançado. Os alunos geralmente frequentam *junior colleges* entre um a três anos. [N. de T.]

tinha um centro em Los Gatos – que ficava apenas dez minutos de onde eu morava – e pensei, meu Deus, não acredito que tenha alguém ensinando zen em Los Gatos. Minha professora (Arvis Justi) não tinha a menor ideia de como o nome dela tinha ido parar naquele livro, pois ela não fazia muita divulgação. Mas, de alguma forma, lá estava o nome dela. E quando cheguei ao endereço que estava na listagem, esperava encontrar um grande templo zen ou algo parecido, mas o que encontrei foi uma casa em uma vizinhança com uma placa que dizia para entrar pela porta dos fundos. E, na porta de vidro de correr, fui saudado por uma senhora que disse: "Entre". Foi assim que encontrei minha professora. Ela ensinava muito discretamente em sua casa.

TS: Como soube que aquela era a professora certa para você?

ADYA: Bem, aí está mais uma coisa estranha sobre minha espiritualidade: ela nunca esteve focada em professores. Procurei um professor de uma maneira bem corriqueira, assim como se procura um bom professor de matemática quando se quer aprender matemática. Estava interessado na iluminação. Queria um professor espiritual porque talvez ele pudesse me ajudar a encontrar o que eu estava buscando. Não estava buscando alguém para venerar. Nunca me ocorreu que alguém pudesse fazer isso por mim. Eu não buscava isso. Fiquei um pouco desapontado, pois tinha 20 anos e era romântico pensar nas túnicas, nos templos zen e em todas aquelas coisas. E ali estava aquela pequenina senhora naquela vizinhança – a dez minutos de onde eu crescera –, e nós meditávamos em sua sala de estar. Do lado de fora, não havia nada especial que chamasse a atenção. Mesmo assim, por alguma razão, continuei voltando, voltando, voltando e voltando. E, com o passar do tempo, comecei a perceber que ela era minha professora. Fui a outros lugares que ela me recomendou, principalmente a retiros mais prolongados. Ela me enviou ao *Sonoma Mountain Zen Center* para participar de longos retiros porque ela não os conduzia. Assim tive uma relação com Kwong Roshi por provavelmente seis ou sete anos, e participava todo ano de retiros naquele Centro. O impacto mais profundo daqueles retiros prolongados foi que eles abriram meus olhos para que eu pudesse ver que todas as verdades para as quais eles apontavam no centro zen já estavam disponíveis na casa daquela senhorinha, bem na minha vizinhança. E aquilo foi realmente um choque, porque ela era tão comum, não empinava o nariz nem bancava a professora, e todo esse tipo de coisas. Por alguma razão, quando eu participava de um retiro e depois retornava, era capaz de ver o que eu tinha perdido, o que já estava disponível nela. Eu realmente vi isso. E eu fiquei realmente impressionado. E, depois disso, senti que não precisava ir a lugar nenhum.

TS: Você acredita que ela era um ser iluminado?

ADYA: Você teria que perguntar a ela.

TS: Ela ainda está viva?

ADYA: Sim. Na verdade, ela vem ao escritório toda sexta-feira. Talvez você esbarre nela. Ela identifica as fitas com etiquetas, na *sangha*.

TS: Sério?

ADYA: É sério. Ela não dá mais aulas. Parou de ensinar alguns meses depois de me pedir para ensinar. Ela não sabia que iria parar de ensinar. Simplesmente aconteceu.

TS: Por que você me respondeu que eu teria que perguntar a ela se ela é iluminada ou não?

ADYA: Porque não gosto mesmo de falar sobre a iluminação ou a ausência de iluminação de outras pessoas. E naquela época, por mais engraçado que pareça, isso não era relevante para mim.

TS: Isso me parece realmente engraçado.

ADYA: É, eu sei. Olhando para trás, parece engraçado para mim também. Se eu fosse buscar um professor hoje, ele seria, com certeza, um ponto extremamente relevante. Não estou dizendo que eu não tivesse isso em mente naquela época, mas o mais importante era saber: tal pessoa pode me ajudar ao longo do caminho? Ela já caminhou o bastante? Era nisso que eu estava interessado. E eu podia ver que ela, muito obviamente, podia me ajudar ao longo do caminho. Definitivamente, ela estava bem mais à frente de onde eu estava.

TS: E agora ela etiqueta as fitas?

ADYA: Sim. Há cerca de um ano, pediu para que eu ensinasse e parou de ensinar. Um tumor bem grande, quase do tamanho de uma bola de golfe, foi descoberto atrás do seu olho. E na cirurgia para removê-lo – você sabe que essas cirurgias são bem arriscadas –, por certo tempo, ela perdeu algumas capacidades em um lado de seu corpo, e isso devastou sua memória e algumas das funções cognitivas. Levou um certo tempo para ela realmente se recuperar – a ponto de ser capaz de dirigir novamente e *se virar*. E ela ainda tem problemas com a memória. Mas eu sempre lhe digo que a memória dela é como a minha, então não há muito do que se queixar. Ela está nesse processo de recuperação há cerca de oito anos, e isso tem sido um verdadeiro ensinamento para mim – ver como ela se soltou do papel de professora ao ver que era a hora de soltá-lo. Tem sido um verdadeiro ensinamento de humildade. Temos aqui alguém que passou trinta anos como professora – em pequena escala, mas ainda assim exercendo esse papel – e agora vem ao escritório para etiquetar fitas, pois ainda quer servir o *dharma*. Que exemplo maravilhoso do que realmente significa não estar preso a um papel, ou não estar preocupada com como você é visto ou olhado. Não ter que viver para isso, mas realmente acolher o que está acontecendo. Até hoje ela ainda me ensina. Ela está me ensinando ao me mostrar algo que bem poucas pessoas podem fazer. É alguém que pode realmente se soltar de seu papel e apenas fazer a próxima coisa para a qual é chamada, seja conhecida ou não, oculta ou óbvia. Isso tem sido um verdadeiro ensinamento para mim.

TS: Ok. Vamos voltar para o Adya no início de seus 20 anos. Você trabalhava na loja de bicicletas, meditava e participava de alguns retiros.

ADYA: Construí um pequeno zendô* no quintal e meditava de duas a quatro horas por dia, devorando centenas de livros, escrevendo muito e mantendo um diário. Mergulhei nessa coisa espiritual por todos os ângulos que pareciam razoáveis. Quando eu tinha meus 20 anos, era um ambiente diferente do que é hoje. Eu realmente não tinha colegas. Não tinha alguém da minha idade que estivesse interessado nisso. Raramente conversava com alguém sobre isso. A maioria das pessoas que estavam na prática eram bem mais velhas do que eu, e era bem solitário para mim.

TS: E, ao mesmo tempo, houve algum tipo de mudança, não é?

ADYA: A primeira mudança aconteceu quando eu tinha 25 anos. Na minha prática, eu realmente forçava a barra de forma muito agressiva, bem masculina – forçando para agitar os portões da iluminação com uma quantidade tremenda de

---

* Salão de meditação; construção na qual os monges vivem e praticam zazen; monastério zen ou escola. [N. de T.]

esforço e com muita determinação, porque era com o que eu estava acostumado. Cresci como um atleta e um ciclista competitivo. E era disléxico. Aprendi a conseguir o que precisava e queria trabalhando mais do que qualquer um. Por isso, achei que era assim que iria funcionar com a espiritualidade. E o zen quase incentiva isso. Sabe como é, medite mais do que qualquer pessoa. O zen, inconscientemente, parece encorajar isso. Então, por cerca de seis a oito meses, eu caminhava até meu trabalho em Palo Alto e me esforçava, perguntava-me constantemente, "O que é isso? O que é isso? O que é isso? O que é verdade?". Achei que um dia fosse literalmente enlouquecer, pois não acreditava que um ser humano pudesse sustentar aquele tipo de intensidade interna por tanto tempo. Realmente acreditava que um dia ia parar numa ala psiquiátrica, pois estava me esforçando até algum tipo de limite psicológico. Ou sendo empurrado.

Então, certo dia, sentado na minha sala, esse poço de intensidade veio à tona e eu pensei, "Tenho que descobrir o que é verdade e tenho que descobrir agora". Então fui para o pátio e me sentei para meditar, fiz um esforço incrível para acalmar minha mente e ultrapassar alguma barreira. Nem sabia o que era aquilo. E, num instante, foi como se eu tivesse juntado todo o esforço dos últimos cinco anos e condensado tudo dentro de um minuto apenas. De repente, compreendi que não poderia fazer aquilo. Não poderia fazer aquilo. E assim que eu disse: "Não posso fazer isso", pude sentir tudo relaxando ao mesmo tempo. E quando tudo relaxou, houve – e esta é a única maneira que posso descrever – uma explosão interna. Foi como se alguém tivesse me ligado a uma tomada. Houve uma imensa explosão interna e meu coração começou a bater mais intensamente, minha respiração ficou ofegante, e eu achei que fosse morrer porque meu coração estava batendo muito mais rapidamente do que já tinha batido em toda a minha vida.

Tendo sido atleta, estava familiarizado com a frequência máxima dos meus batimentos cardíacos. E aquilo estava longe, muito longe, além dela. Pensei que meu coração fosse literalmente explodir. Em dado momento me ocorreu que aquela energia, fosse o que fosse, iria me matar. Pensei que não pudesse sustentá-la por muito tempo. E o próximo pensamento que tive foi que, se aquele fosse o preço para descobrir a verdade, então tudo bem, estava disposto a morrer naquele momento. Não era uma coisa corajosa ou de macho, era um fato: estou disposto a morrer. Ponto. É isso. E assim que eu disse isso para mim mesmo, e realmente era o que eu queria dizer, a energia simplesmente desapareceu. De repente, eu estava no espaço... Apenas me tornei o espaço. Tudo que havia era espaço. Apenas espaço infinito. E naquele espaço pude sentir algo como um *download* de *insights*, mas eles aconteciam tão rapidamente que eu nem mesmo sabia o que eram. Eram como centenas de *insights* por segundo. Era como fazer o *download* de um programa em seu computador. Senti como se algo estivesse sendo descarregado em mim tão rapidamente que eu não poderia compreender nenhuma das informações, mas podia sentir a saraivada de *insights*. Então fiquei sentado lá, sendo espaço e tendo aquele *download* de *insights* em meu sistema, e aquilo levou um certo tempo, não sei quanto tempo, um certo tempo. Depois cessou e, em algum ponto, ficou óbvio que eu deveria levantar da minha almofada, e eu fiz o que sempre fazia: eu me levantava e olhava para a figura de Buda que eu tinha no pequeno altar, e eu fazia uma reverência. E assim que me curvei, tive um acesso de riso. Foi o ataque de riso mais hilário que já tive. E a coisa mais engraçada foi que eu pensei, "Seu grande filho da puta", referindo-me a Buda, "estive atrás de você por cinco anos". E naquele momento eu sabia o que estava buscando. Entendi. E simplesmente não conseguia acreditar. Era como se, uau, estivesse buscando o que já sou. Dei uma bela gargalhada e caminhei para fora da sala. Esse foi o primeiro despertar.

O engraçado foi que, ao sair da sala, aquela vozinha que já tinha me acostumado a ouvir desde então disse em meio àquela grande revelação de alegria e felicidade e tremendo alívio: "Não é isso. Continue". E eu pensei, droga, não posso ficar aqui curtindo isso? Mesmo só por um instante? Mas a vozinha ainda acrescentou: "Não é isso. Continue". E eu sabia que era verdade. De alguma forma eu sabia que aquela voz não estava menosprezando o que estava acontecendo. A voz não estava dizendo "Isso não tem valor, isso não é verdade, isso não é relevante". A voz estava dizendo "Tem mais. Você não viu tudo. Viu uma parte muito significativa, mas continue. Não pare aí".

Mas naquele momento tudo mudou. A partir daquele momento, minha energia de buscador espiritual – aquele impulso desesperado – desapareceu e nunca mais voltou. Não fazia nenhum sentido processar tudo, tentando obter algo que eu já tinha, tentando me tornar o que eu sabia que já era.

TS: Como você chamaria essa experiência? Você teve "tira-gostos" quando era jovem; isso foi um… ?

ADYA: Eu chamaria de despertar.

TS: Certo.

ADYA: Mas não compreendi para o que eu despertara. O que percebi foi que eu era o que buscava. Eu sabia disto: eu sou o que estou buscando. Sou essa verdade. E então, logo depois, surgiu a próxima pergunta: O que é isso? Eu sou isso. Sei que sou isso. Mas não sei o que é isso. Essa é a parte que eu não sabia. Houve um despertar, mas ele não estava completo. Era parte do quadro, talvez uma grande parte do quadro, mas a próxima pergunta surgiu quase que de imediato: O que é isso? E tornou-se a próxima pergunta para mim.

Continuei a meditar bastante. Externamente, fazia tudo o que fazia antes, porque sabia que tinha mais, e a meditação era a minha forma de explorar. Mas, a partir daquele ponto, a maior parte do que aconteceu espiritualmente de fato não ocorreu na almofada. A maior parte do que aconteceu espiritualmente nos próximos cinco ou seis anos estava, na verdade, ocorrendo na minha vida diária. Eu era um atleta e tinha toda uma identificação envolvida em ser atleta. Mesmo após aquele despertar, e embora já não competisse mais naquela época, ainda pedalava e treinava como se fosse ciclista competitivo. E comecei a questionar o porquê de fazer aquilo. Por que estou treinando como se fosse um atleta de primeira classe quando não sou? Comecei a ver que eram reminiscências de uma autoimagem. Era uma boa autoimagem de se ter, poderíamos dizer, não só estar em boa forma fisicamente, mas também a imagem que acompanha ser um atleta de altíssimo calibre.

TS: Ser *cool*.

ADYA: Sim, ser *cool*. De certa forma, ter um domínio físico. E embora eu não agisse de forma dominadora em relação às pessoas na minha vida diária, atleticamente eu dominava, com certeza. Mesmo quando comecei a compreender que estava só perpetuando minha velha autoimagem, por alguma razão eu não conseguia parar.

Então, por volta dos 26 anos, desenvolvi uma doença que ninguém conseguia diagnosticar. Me deixou de cama por cerca de seis meses. De alguma forma, eu estava funcional, mas não muito. Só doente. Era uma coisa após a outra, sem pausa, por cerca de seis meses. E, no final de seis meses, é claro, não sobrou muito mais do atleta. E foi maravilhoso quando o atleta foi retirado do meu sistema, pois era duro ser a *persona* do atleta dominante quando se está tão fraco quanto um gatinho. E eu compreendi que aquilo era ótimo. Foi tão bom me desfazer daquela *persona*. Foi muito libertador. Gostaria de poder dizer que foi o fim da história. Mas um ano depois, quando estava saudável novamente, acordei um dia e comecei a treinar, não conscientemente. Eu simplesmente comecei a fazer tudo novamente. Não percebi o que estava fazendo até estar totalmente de volta, e então pensei, estou fazendo a mesma coisa novamente. E sei do que se trata. Tem a ver com essa autoimagem, com essa *persona*. E teria gostado de tê-la simplesmente abandonado ao perceber o que estava fazendo, mas não estava pronto. Então adoeci novamente por seis meses e dessa vez foi pior. Tive uma infecção nos sinos, nos pulmões e mononucleose. E esse foi o fim daquela autoimagem. Uma vez que a *persona* foi removida pela doença, o desejo de reconstruí-la realmente não retornou. Para mim, foi um desdobramento espiritual. Não se trata de se livrar de uma autoimagem por meio da meditação... mas pela escola dos durões. É uma inteligência que assume o comando e faz com que todos nós passemos pelo que precisamos passar para nos soltarmos do que precisamos soltar.

Durante aquela época, eu também passei pelo que chamaria de um relacionamento totalmente ridículo, o que era muito doentio. A relação ativou minha sombra não resolvida. Você se apaixona com todas as suas fraquezas, e isso extrai o pior de nós. No meu caso, o relacionamento ativou vários papéis, como o de salvador, e, é claro, aquilo foi um desastre total. Felizmente, terminou depois de um tempo, mas foi similar às doenças – arrancou violentamente de mim todas aquelas imagens, todas aquelas *personas* que eu estava acostumado a ser – uma pessoa boa, legal, o salvador, tudo isso. Aquela relação extirpou-as do meu sistema e me mostrou que eram falsas e não autênticas, e a única razão de eu usá-las era porque eu tinha medo de não as usar. Quem seria eu sem elas? Entre aquelas doenças e esse relacionamento, fiquei realmente em frangalhos. A falsidade foi arrancada de mim pouco a pouco. E quando aquela parte acabou, eu realmente me senti bem livre. Foi maravilhoso. Retornei ao vazio e compreendi como ser espaço de uma forma simples, humana. Simplesmente estar no meio de uma calçada e sentir que eu não tinha que ser alguém ou parecer ser alguém. O desejo de ser visto de uma maneira particular tinha sido arrancado do meu sistema. E o processo de dilaceração não foi fácil e não foi divertido, mas o resultado foi simplesmente fantástico. Fazendo uma retrospectiva, vejo que isso me preparou para o que eu chamaria de meu "despertar final". O despertar que foi totalmente claro veio nas pegadas dessas experiências de dilaceramento. Na verdade, chegou alguns meses depois, logo depois que Annie e eu nos casamos.

Eu estava com 33 anos, tinha acabado de me casar e de conseguir um emprego de verdade. Comecei como aprendiz no negócio do meu pai e estava iniciando uma carreira de verdade. Também estava saindo daquela rotina – de ter minha vida focada especialmente em uma forma interna de espiritualidade – que tinha sido meu foco até aquele ponto. Tinha colocado tudo na minha vida em espera por um longo tempo. E então, aos 33 anos, compreendi que esse processo poderia não se completar por si mesmo, e seria melhor eu tocar a minha vida. Então, acabei me casando e conseguindo um trabalho de verdade. Eu vejo essa disposição de me engajar na vida como sendo uma parte muito importante do meu progresso espiritual pessoal. Alguns meses depois, Annie e eu nos casamos – e no dia de São Patrício, o que é um pouco engraçado, porque a Annie é descendente de uma família totalmente irlandesa e de herança irlandesa... E foi quando o segundo despertar aconteceu.

TS: Você sente que o casamento criou a estabilidade necessária para esse segundo despertar?

ADYA: Muito perspicaz. Sim. Não consigo saber com certeza, mas desde então achava que faltava um elemento naquilo tudo, que era uma espécie de estabilidade. Eu tinha uma carreira, podia ganhar dinheiro suficiente para viver e estava casado com uma pessoa maravilhosa. Naquele ponto, tive um *insight* que foi vital. Quando encontrei a Annie e nos casamos, sabia que aquilo era muito mais do que jamais imaginara ser possível em um relacionamento. Jamais poderia ter sonhado com um relacionamento com aquela qualidade. É simplesmente do jeito que foi, e é. E essa percepção teve um papel significativo, pois acordei numa manhã e disse para mim mesmo, "Este relacionamento é melhor do que eu jamais sonhei ser possível, e não é o bastante". Não que o relacionamento precisasse ser mais, porque não precisava ser diferente em nada. Embora o relacionamento fosse totalmente satisfatório, eu pensava, "Isso não me completou; não me levou para onde eu sempre fui empurrado, para dentro". Saber disso foi um certo choque. É possível ser muito feliz na vida, ser do seu jeito e realmente não ser movido pelo sofrimento, e ainda assim perceber que mesmo tudo isso não é suficiente. Não toca esse lugar interno. Eu tinha estabilidade na minha vida e creio que isso permitiu que um soltar espontâneo ocorresse. Porque, em um sentido humano, havia algo a que me entregar.

TS: Você pode descrever o que aconteceu?

ADYA: Foi muito simples e na verdade começou antes de começar. Na noite anterior, antes de me preparar para dormir, eu me sentei à beira da cama e tive aquele pensamento. Não foi um grande pensamento; não foi um grande *insight*. Era a coisa mais simples e totalmente fora de contexto daquilo que eu estava pensando naquele momento. Mas esse pensamento passou pela minha mente: "Estou pronto". Eu o notei; literalmente dentro de cinco segundos eu o notei. E fui dormir, mas a sensação de "Estou pronto" era bem clara e simples. E não era minha mente ou meu ego dizendo, "Estou pronto, pronto para colocar os portões abaixo!". Era só aquele momento inocente, simples, como um presente. Fato. Somente um pensamento: "Estou pronto". E não pensei a respeito dele. Ele não recebeu muita atenção, exceto o fato de ter notado que estava acontecendo. E fui dormir.

No dia seguinte, levantei cedo, pois ia ver minha professora e normalmente eu me levantava cedo para fazer uma pequena meditação antes de ir vê-la. Eu não estava pensando em nada em particular e só me sentei, e em trinta segundos ouvi um pássaro. Apenas um gorjeio. E uma pergunta que nunca tinha ouvido, que nunca usei nas práticas, surgiu de minhas entranhas e não de minha cabeça. Uma pergunta emergiu espontaneamente: "Quem ouve esse som?". E assim que aquela pergunta ocorreu, tudo virou de pernas para o ar, ou do avesso. Naquele momento, o pássaro, o som, o ouvir eram uma coisa só. Literalmente foram vivenciados como sendo exatamente a mesma coisa... O ouvir não era mais "eu" do que o som, o pássaro e tudo mais. E foi muito rápido, muito súbito, e era apenas um.

E, então, a próxima coisa que notei foram uns pensamentos. Estavam tão distantes que eu nem sabia quais pensamentos eram. Mas havia um pensamento, e então houve o reconhecimento de que aquilo não era eu. Era pensamento. E aquilo que despertou, aquilo que estava desperto, não tinha nada a ver com aquele pensamento, em absoluto. Simplesmente estava acontecendo. Os dois eram completamente separados. Não tinha nenhuma identidade no pensamento. E depois de alguns minutos, eu me levantei. E literalmente eu tinha aquelas ideias de alguém de 5 anos em minha cabeça. Muito curioso. Eu pensei, será que sou o fogão? E então caminhei até o banheiro e olhei para o vaso, porque estava tentando procurar algo que não fosse realmente espiritual, e eu pensei, dane-se, isso é o vaso sanitário. E abri a porta do quarto e olhei para o quarto, e a Annie, minha esposa, estava dormindo, e eu disse: é ela. Essa é ela, e é a mesma coisa. E caminhei ao redor de nosso pequeno chalé de 45 metros quadrados em que morávamos há seis anos e meio, e eu olhava para o chalé e tudo era aquilo, tudo era a mesma coisa.

Fiquei ali de pé no chalé e interessantemente não havia nenhuma emoção. Não houve nenhum "viva" ou "Ah, meu Deus". Isso não existiu. Tudo era visto claramente e não se confundia com nenhum estado de experiência, pois não tinha nenhum estado acontecendo. E então dei alguns passos pela pequena sala, e, naqueles poucos passos, a consciência despertou completamente. É algo difícil de descrever, mas era completa, completamente separado do corpo. E foi naquele ponto que vi aquela corrente de imagens e soube imediatamente que aquilo que está desperto sabia imediatamente que eu estava preso àquelas imagens, que poderíamos chamar de encarnações. Achei que aquelas imagens fossem eu. Eu estava adormecido naquelas imagens, e era tão claro que aquilo não eram aquelas imagens. Aquilo não estava mais aprisionado àquelas imagens. Não estava confinado a nenhuma forma, incluindo a atual. E eu podia ver que a forma atual não era mais significativa ou real do que a forma de cinquenta vidas passadas. E lá estava somente o despertar, completamente ele próprio, só. Nenhuma forma, formato, cor, nada. Nenhum lugar, porém em todas as partes. E naquele momento havia um saber de que embora aquele despertar fosse tudo, também estava além de ser todas as coisas. Se essa coisa desaparecesse totalmente, se todas as formas e tudo que vi, se tudo desaparecesse, isso não diminuiria aquilo, nem mesmo um pouquinho. Não poderia diminuir. Esse foi o despertar.

Com isso veio também uma sensação de ser maior e de estar fora do corpo, de que o corpo acontecia dentro daquele estado desperto ou espírito. O corpo estava nele, e não eu no corpo. E em meio a isso, esse estado desperto ou consciência também retornou ao corpo. Estava também fora, mas agora estava tanto fora quanto dentro. Não ficou apenas fora, ocupou novamente o espaço, mas dessa vez o fez sem confusão, sem qualquer identificação. Foi como se vestir pela manhã; você simplesmente veste a roupa. Não pensa que são suas roupas; elas apenas são algo que você veste. E era muito claro que essa forma, essa personalidade específica, esse cara conhecido como Stephen Gray era roupagem. Essa é sua encarnação atual, essa coisa que ele está vestindo e através da qual ele opera. E o legal foi a alegria que emergiu. Uma alegria tal com a roupagem, com a encarnação. Existia uma intimidade com a personalidade, e uma alegria pueril absoluta. Quase como uma garotinha que coloca o vestido da Cinderela, se olha no espelho e sente: "Uau, é tão lindo!". E havia somente uma sensação de admiração pela forma.

E então, a última coisa foi que dei outro passo, e era como se fosse o primeiro passo que eu já dera em minha vida. Parecia como se eu tivesse saído do útero. Parecia como um bebê que acaba de colocar os pés no chão pela primeira vez em toda a sua vida. E eu literalmente olhei para os meus pés e simplesmente caminhei em círculos porque era como um milagre – o sentimento do pé no chão e de caminhar, e era o sentimento de que colocar meus pés no chão era um milagre, um milagre absoluto. E cada passo era o primeiro passo. Tudo era novo e tudo tinha uma sensação de intimidade, encantamento e apreciação. Para mim, todas essas coisas aconteceram em uma rápida sucessão. O despertar fora da forma e a ocupação da forma, a unidade com a forma, a apreciação e a percepção de que eu não sou a forma. Foi como se tudo estivesse bem. Eu não tive que ficar fora do corpo; não tive que estar além de coisa alguma, pois tudo era *aquilo*. Simplesmente soube naquele momento que isso é um milagre: esta vida, este corpo. Isso é o céu, não importa quão bagunçado, quão tolo, quão maravilhoso e quão terrível possa ser. Sabe, esta é a grande piada. Caminhar nas mãos de Deus buscando Deus.

Foi isso. Na verdade, foi muito simples. Muito, muito simples. E o que também emergiu disso foi uma apreciação do comum. Não tinha mais nada de extraordinário que precisasse acontecer – experiências extraordinárias não precisavam mais acontecer. Eu poderia estar falando sobre o que chamamos de verdade ou sobre coisas espirituais, ou poderia estar conversando com alguém sobre futebol ou alimentação... De repente, simplesmente não importava mais. E ainda não importa. Frequentemente digo às pessoas – elas geralmente não acreditam, mas comento: "Para mim, oferecer *satsangs* e falar sobre qualquer outra coisa são equivalentes". O comum tornou-se totalmente satisfatório. É claro, é muito satisfatório ver alguém despertar ou mesmo ver alguém se transformar um pouco. É uma espécie de ápice, mas existe um amor ao comum, e, para mim, isso é uma das coisas mais bonitas – que nada de extraordinário precisa mais acontecer na minha vida. Só o existir é uma espécie de milagre.

TS: Adya, você chama isso de um "despertar final", mas e se tiver despertares adicionais nas próximas décadas que revelem uma dimensão ainda mais profunda da percepção? Acha que isso é possível?

ADYA: Estou contente de você trazer isso à tona. Eu o chamo de final por uma razão particular. Quando digo "final", não necessariamente quero dizer que outro despertar não possa acontecer. Quem sabe, certo? Nunca se sabe. Isso é infinito, no fim das contas. Mas o que quero dizer quando digo "final" é que, com esse despertar, percebi o que sou de uma forma totalmente clara. Percebi sem nenhuma emoção, em um estado totalmente puro. Não tinha energia naquilo. Não havia euforia. E, quando digo "final", quero dizer que enxerguei isto claramente: não tinha mais nada que estava sendo buscado; não ficou nenhuma outra pergunta a ser respondida espiritualmente. Então, chamo isso de "final" porque parecia ser uma linha de demarcação onde uma certa vida e uma certa jornada me trouxeram para aquele ponto, e, quando dei um passo além daquele lugar, não foi, em absoluto, o que tinha sido antes. Aquela jornada, da forma em que me engajei nela, tinha terminado, muito obvia e claramente. Acabou. E jamais retornaria. E para mim, isso é o que quero dizer com "final". Significa que não há mais nada para se ver? Sempre há algo para se ver.

TS: Você disse que aos 25 anos, com seu primeiro despertar, compreendeu que o que buscava era você, mas que ainda tinha uma pergunta: "O que é isso?".

ADYA: O que é isso? Sim.

TS: O que descobriu em seu despertar final?

ADYA: Esta é uma boa pergunta (risos). Vou dar o meu melhor, mas é uma pergunta impossível de ser respondida.

TS: Mas você não está mais fazendo essa pergunta.

ADYA: Não, e tem uma coisa engraçada: a resposta à pergunta é que a pergunta desaparece. Essa é a resposta à pergunta. Não se trata de obter uma boa resposta que possa ser colocada no bolso.

TS: Não se poderia dizer amor ou sabedoria, ou algo parecido?

ADYA: Não, não. É anterior ao amor e à sabedoria. É o lugar de onde advêm amor e sabedoria. É paradoxal, mas quanto mais nos conhecemos, quanto mais sabemos o que somos, mais sabemos que o que somos é algo que, por sua própria natureza, jamais pode ser conhecido. Portanto, você e eu, nós somos o desconhecido, e como o desconhecido é o desconhecido, não pode ser conhecido. Não porque exista uma deficiência, mas porque o desconhecido, por sua própria definição, é o desconhecido. No budismo podem chamá-lo de vazio, vácuo ou *shunyata*. Em alguns seguimentos do judaísmo, tradicionalmente considerava-se uma heresia até mesmo mencionar a palavra de Deus de alguma forma. E acho que esses tipos de diretrizes advêm desta experiência que é paradoxal: você sabe o que é, mas sabe que você é um mistério.

Sabe, não podemos nomeá-lo. Não podemos dizer algo sobre puro potencial. Não há nada para se conhecer. Só podemos conhecer algo quando o potencial se manifestar e se tornar algo. Mas, antes disso, é puro potencial. É puro vazio ou pura inteligência, ou como quiser nomeá-lo. Para mim, este é o paradoxo: vim para conhecer o que sou, mas agora sei que sou aquilo que jamais pode ser conhecido, pois essa é a sua natureza. E então, o engraçado é que de certa forma você quase termina onde começou. Você começa sem saber quem é ou qual é a realidade absoluta. A diferença é que acaba sabendo que é o que jamais poderá saber. Assim, o mistério torna-se consciente, desperta para si mesmo. Ele se conhece, é o "EU SOU", como é dito na bíblia. Mas não há definição; simplesmente é "EU SOU". Esse é o mistério se autodeclarando. É isso.

TS: Uma das histórias interessantes que ouvi é que você só contou à sua professora zen sobre seu segundo despertar três meses depois do ocorrido. Isso me soou estranho.

ADYA: Não parecia existir nenhuma razão para contar. Havia uma sensação de completude. Em certo sentido foi extraordinário, mas também me pareceu bem comum. Não sentia que precisava sair correndo e contar para todo o mundo. Não senti que aquilo precisasse ser confirmado. Não precisava que fosse ouvido. Não precisava que alguém entendesse. Foi a queda de todas essas necessidades psicológicas. E a única razão de ter contado à minha professora é que, após três meses, refleti e pensei, ah, é sobre isso que ela conversou comigo durante quinze anos e colocou tanto de seu coração e compaixão em meu processo. Achei que seria legal que ela soubesse. Foi daí que veio o ímpeto de contar-lhe. Havia uma total ausência de qualquer necessidade, que é um dos verdadeiros marcos. Você não sente que precisa contar a alguém ou ser elogiado por isso.

TS: Você mencionou que, em determinado momento de sua vida, lia muitos livros. Houve alguns livros que realmente o impactaram?

ADYA: Sim! O primeiro livro não foi o que você suspeitaria, e nem o que ainda me interessa. Mas, naquela época, foi muito impactante. Li esse livro quando tinha 24 anos, não muito antes do primeiro despertar. E foi uma autobiografia de Santa Teresa.

TS: Interessante.

ADYA: Foi! Porque eu era um cara budista, e o budismo é muito ateístico. No entanto, eu me sentia inexplicavelmente atraído pelo misticismo católico, e um dos primeiros livros que li foi a biografia dela. Fui a uma livraria, abri aquele livro e, nas duas primeiras páginas, fiquei de pernas para o ar, completamente tomado pelo amor. Literalmente, apaixonei-me por aquela santa que eu jamais encontrara. Não conseguia entender. Mas foi algo muito, muito poderoso. Acabei devorando sua biografia e continuei a ler provavelmente mais cinco, seis ou sete livros sobre ela e sua vida... E isso combinado à leitura de toneladas de livros sobre o misticismo católico durante cerca de dois anos. Mas aquele livro abriu a porta, e somente retrospectivamente compreendi do que se tratava e o que toda minha exploração do misticismo católico significou. Que foi me ajudar a abrir meu coração. Minha prática zen realmente não estava fazendo isso por mim; eu precisava de algo para me ajudar a me abrir emocionalmente, muito, muito profundamente, e o zen era um pouco seco para isso. E naturalmente encontrei o que precisava, e aquele livro fez isso; ele me abriu muito, de verdade, emocionalmente. Foi a coisa perfeita no momento perfeito. Por isso, esse livro foi realmente significativo para mim.

Outro livro que realmente se destaca para mim é *I am that*, de Nisargadatta Maharaj. Tinha lido pequenos trechos antes de despertar aos 33 anos, mas realmente não foi significativo. Após o despertar, li *I am that*, e foi a expressão mais clara que já encontrara antes ou desde a minha experiência. Foi como se alguém colocasse minha experiência em palavras. Estava simplesmente refletido naquele livro. Foi como me olhar no espelho. Por isso, foi um livro realmente significante, não tanto em minha busca, mas em minha reflexão. Isso sai um pouco do tema, mas realmente tem a ver com ler. Embora eu fale muito em meus ensinamentos – assim como vários professores espirituais – sobre como não é possível compreender o despertar com a mente, e que em algum ponto é preciso ir além dos livros e da leitura, ao mesmo tempo olho para trás em minha experiência e vejo que, embora jamais tenha encontrado a percepção da verdade em algum livro, porque não se pode, para mim ler teve um papel muito significativo. Tinha dois gumes. Entrei no caminho algumas vezes – com conceitos e ideias, e conceitos conflitantes –, mas a leitura também foi uma parte muito importante da minha jornada. Usei livros para me ajudar a fazer um *download* de coisas em minha própria mente. Eles me ajudaram a ter mais clareza sobre determinadas coisas. Nesse sentido, acredito que o lado intelectual da espiritualidade – que em geral é subestimado por boas razões – às vezes é também desprezado. Embora não se possa encontrar a verdade em um livro, eles são, às vezes, a forma de conectar certos pontos em nossa cabeça… e em nosso coração. Às vezes, os livros podem nos abrir de formas realmente significativas. E creio que o intelecto – se ele não estiver no comando do show e se não se tratar somente do intelecto – pode realmente ter um papel importante no despertar espiritual. Se encontrar o livro certo no momento certo, ele pode incitar um reconhecimento. Isso é grande parte do que os professores também fazem. Estamos sentados em uma sala conversando, certo? E é conteúdo intelectual, mas o que estamos tentando fazer é incitar uma sabedoria profunda no ouvinte. E um livro pode fazer isso assim como estar com um professor também pode fazer o mesmo. Você pode ler uma frase e estimular alguma coisa. Não algo a partir de sua mente, mas algo a nível de *insight*. Você sabe que é a nível de *insight* porque todo o seu corpo canta quanto se tem um. Você está sinestesicamente muito envolvido. Nesse sentido, as palavras podem ser realmente úteis, se incitarem a vivacidade em nós. Pode haver uma parte nossa que diz: "Ah, eu sei disso. Só não sabia que sabia". As palavras podem pegar algo que é inconsciente e trazê-lo à consciência.

TS: Você acredita que pode ocorrer um tipo de transmissão através da leitura?

ADYA: Absolutamente. Tudo que fazemos carrega a transmissão ou a presença de quem somos. E não precisamos estar em contato físico com alguém. As coisas em si carregam a transmissão das pessoas envolvidas com elas. Um livro carrega a transmissão da consciência ou da presença de seu autor. Quando se é sensível, na verdade é bem interessante. Quando se é sensível, é possível sentir a presença do autor em qualquer livro. Livros espirituais, artigos de jornais não espirituais, tudo. É possível começar a sentir o estado de consciência do autor e, espiritualmente, é claro, isso pode ser muito poderoso. Palavras e livros podem carregar essa transmissão. É por isso que creio que um livro como *I am that* é tão, tão poderoso. Não são somente as palavras. É o ser que expressa as palavras. É por isso que as pessoas são cativadas por ele. Todas as palavras que são ditas nesse livro já foram ditas anteriormente, por isso claramente não são apenas as palavras; é quem está dizendo tais palavras.

TS: Quando as pessoas estão em sua presença ou quando leem um de seus livros e sentem que uma transmissão está ocorrendo, o que acha que está acontecendo?

ADYA: Há um encontro; isso é realmente a transmissão. O vazio encontra o vazio.

TS: Isso transforma necessariamente o aluno?

ADYA: Como eu posso explicar? É o elemento mais poderoso do ensinamento, vamos dizer. Hesito dizer isso porque assim que o menciono, as pessoas agem como se o professor fosse fazer isso por elas. O que não é verdade. O professor pode acender um fogo, mas ele não vai completar o processo para você. A transmissão é mais poderosa para as pessoas que sentem uma sensação de ressonância com o que está sendo oferecido. Se existir ressonância, um potencial é aceso. Uma vez que o potencial está desperto, então é preciso assumir responsabilidade pelo que está acontecendo. Não fique apenas sentado esperando que o professor ou a transmissão do professor vá fazer isso por você, pois assim você entra em uma relação dependente. E assim que entrar em uma relação de dependência, psicológica ou emocionalmente, o efeito da transmissão fica tremendamente enfraquecido. Isso a mata de imediato. É como jogar água no fogo. Precisamos ser responsáveis por nossa própria transformação, pois nenhum professor pode, de forma alguma, fazer tudo por nós. Precisamos fazer o trabalho por nós mesmos. Precisamos olhar por nós mesmos. Estar na presença de alguém pode acender um fogo espontaneamente, mas temos que tomar conta do fogo.

O Despertar Autêntico é uma resposta à crescente necessidade de direção no caminho espiritual, após experiências de ampliação da consciência. O autor aponta as armadilhas e becos sem saída que "não nos iluminam" ao longo da jornada, incluindo a artimanha da falta de sentido, de como o ego pode "cooptar" a percepção para seus próprios propósitos, a ilusão de superioridade que pode acompanhar intensos avanços espirituais e o perigo de ficar "embriagado do vazio". Este livro é um convite para a investigação honesta de quem você realmente é – e como viver depois de se descobrir.

OUTROS TÍTULOS DA EDITORA MEROPE

Círculo Sagrado de Luz
L.B. Mello Neto (canalizador)

Orações do Sol
Espírito Joehl, canalizado por L.B. Mello Neto

A Essência da Bondade
Espírito Jheremias, canalizado por L.B. Mello Neto

Quem É Você
Espírito Eahhh, canalizado por L.B. Mello Neto

Flua
Louis Burlamaqui

A Arte de Fazer Escolhas
Louis Burlamaqui

Domínio Emocional em uma Era Exponencial
Louis Burlamaqui

O Casamento do Espírito
Leslie Temple-Thurston com Brad Laughlin

Retornando à Unidade
Leslie Temple-Thurston com Brad Laughlin

TIPOLOGIA: Garamond [texto e entretítulos]
PAPEL: Off-white 80 g/m² [miolo]
Cartão 300 g/m² [capa]
IMPRESSÃO: Formato Artes Gráficas [agosto de 2022]